Das Buch

Fünf Freundinnen sind mit ihrer Doktorarbeit beschäftigt. Es sind Sonja aus Deutschland, Berel aus Schweden, Tosca aus Italien, Genia aus Russland und Venja aus Israel. Diese Fünf sind eigensinnig, aber nicht streitsüchtig, haben eine Meinung aber keine Ideologie. Sie lieben die Natur. Sie treffen sich in den Alpen, in der Stadtwohnung, in den Birkenwäldern nördlich des Polarkreises und schließlich in der Toskana, auf der Felseninsel Giglio.

Dort vergegenwärtigen sich die Fünf den aktuellen Zustand der Welt. Ihre Absicht: sie wollen ihre eigene Sicht finden – unvoreingenommen, wissensbasiert, zukunftsorientiert. Sie diskutieren über *Krieg und Frieden*, den wiedererstarkten *Militarismus*, die *bruchstückhafte Demokratie*, den drohenden Verlust der *Meinungsvielfalt*, die *Einwanderung der Bedürftigen*, das *Vokabular* der *demokratischen Mitte*. Sie analysieren *extreme Wetterereignisse*, die *Macht der Daten*, *Künstliche Intelligenz*. Sie konstruieren sich eine *Ökonomie der Genügsamkeit*.

Und unvermittelt geraten sie dabei immer wieder ins ganz Persönliche: woher kommen wir, wohin gehen wir, wie wollen wir leben.

Dank an *Tanya, Etta und Petra* für ihre Anregungen zu Form und Inhalt.

Besonderer Dank geht an:
 Fritzli für die Prüfung der Sätze und Zeichen, sowie
 Laura Stœr für die von Hand gezeichneten und in Zusammenarbeit mit *Tanya* gefärbten Graphiken.

Die Verabredungen der fünf Doktorandinnen

Bibliographische Information der Deutschen Nationalbibliothek: Die Deutsche Nationalbibliothek verzeichnet diese Publikation in der Deutschen Nationalbibliographie; detaillierte bibliographische Daten sind im Internet über http://dnb.dnb.de abrufbar.

Verlag: BoD · Books on Demand GmbH,
In de Tarpen 42, 22848 Norderstedt
Druck: Libri Plureos GmbH, Friedensallee 273,
22763 Hamburg
ISBN: 978-3-7597-9557-1

Inhalt

Im Gebirge

„Hurra, wir sind angekommen!"

Tosca hat im Zwielicht der untergegangenen Sonne das Haus als Erste erkannt.

Das Thermometer zeigt zwei Grad unter Null, der Himmel ist klar, der Wind weht schwach aus Nordwest. Der Schnee liegt nicht höher als zwanzig Zentimeter. Es ist im Vergleich zu früheren Zeiten ein milder, schneearmer Januar. Er ist um zehn Grad wärmer, als der langjährige Durchschnitt angibt.

Das Haus steht auf einem Plateau in zweitausend-zweihundert Meter Höhe. Gegen Osten und Westen ist es von steil ansteigenden Felsen abgeschirmt. Im Norden, weit weg, beeindrucken die berühmten Gipfel der Alpen. Gen Süden verliert sich der Blick im Dunst der Ebene. Ringsherum stehen vereinzelt Lärchen, unter den Bäumen, gebrochen vom Wind, liegen große und kleine, von Luft und Sonne getrocknete Äste.

An diesem Ort fernab von menschlicher Behausung, haben sich fünf junge Frauen eingefunden. Sie sind auf dünner Schneedecke, an den Füßen ihre Ski, vor zwei Tagen aufgestiegen, um für etwa eine Woche Sonne, Schnee und Sterne auf sich wirken zu lassen. Die Frauen haben sich vor Jahren in einem Studenten-Wohnheim kennengelernt und spontan aneinander Gefallen gefunden. Es handelt sich um Genia aus Russland, Tosca aus Italien, Berel aus Schweden und Venja aus Israel. Sie studieren seit vielen Jahren in Deutschland und sprechen inzwischen Deutsch fast wie ihre eigene Sprache. Die fünfte kommt aus Deutschland und heißt Sonja.

Alle arbeiten an ihrer Doktorarbeit. Genia ist mit Modellen zu *Konflikt und Versöhnung* beschäftigt, Tosca entwirft *Strategien der Wiederverwertung*, Berel ist in die Analyse von *Repräsentation und Demokratie* vertieft, Sonja brütet über *Postwachstums-Strategien in Wirtschaft und Gesellschaft*, und Venja testet die *Wirksamkeit von Vorsorge und Nachsorge in der Medizin*. Die Natur hat jede der Fünf mit einer sehr eigenen Anmut bedacht. Sie sind sich dessen bewusst und dankbar dafür. Sie sind überzeugt, dass dieses Geschenk sich im Innern wie im Äußeren, also etwa in Verhalten, Ausdruck, Eigenheiten und Erscheinung spiegeln muss. Sie kleiden sich körperbetont und tragen die Haare, ob hell oder dunkel, nicht kurz, sondern halblang, gelegentlich auch lang.

Ihre Herberge ist ein Blockhaus aus Holz, eher eine Hütte als Haus. Es ist aus Lärchenholz gefügt und an den Stellen, wo aufgrund von Unregelmäßigkeiten der Bohlen Lücken nicht zu vermeiden waren, mit Moos ausgepolstert. Das Dach ist nach traditioneller Weise mit Schindeln belegt. Diese circa ein Zentimeter starken Brettchen sind aus dem Holz der Lärche gespalten und müssen jedes Jahr von Nadeln und Moos befreit werden, um dauerhaft ihre Funktion erfüllen zu können, also Schnee, Regen, Hagel und Blitze vom Innern abzuhalten. Die Hütte ist von einem Zaun umgeben; auch dieser besteht aus Lärchenholz. Die Absicht war, so scheint es, sie gegen die Umgebung abzugrenzen, um den umherstreifenden Wildtieren, wie Füchsen, Gemsen und Wildschafen, aber auch Weidetieren, wie Kühe und Ziegen, den Zugang zu verwehren. Das Bauwerk dient Jägern und Hirten aus der Umgebung als Nachtlager und Schutz vor den Unbilden des Wetters.

Tosca hatte all ihre Überredungskünste aufbieten müssen, um ihrem Onkel, dem Besitzer der Hütte, die Erlaubnis abzuringen, diese für einige Tage benutzen zu dürfen. Zu Anfang atmeten die Höl-

zer die gespeicherte Kälte des Winters, so dass sich die Frauen, wenn sie gegen Nachmittag von ihren Skitouren zurückkamen, in ihren Anzügen aus Daunen dicht am Ofen postieren mussten. Genia hatte die Aufgabe übernommen, den Ofen anzufeuern. Sie schabte das Moos von den schneefreien Zweigen der Lärchen und zerrieb es zu Zunder, legte es auf das Bündel von dünnen Ästen, die sich augenblicklich, ohne weiteres Zutun, entzündeten. Geschwind eroberten die Flammen auch die größeren Scheite darunter. Nach einer halben Stunde waren alle, dicke wie dünne Scheite, ins Dunkelrot zerfallen. So ist es auch heute, zwei Tage nach ihrer Ankunft.

Die Fünf sitzen an einem betagten, vom Licht der Sonne verbrannten Tisch, der bar jeglicher Kunstfertigkeit, allein auf sicheren Stand und hohe Dauerhaftigkeit getrimmt wurde. Sie haben die Jacken gegen Pullover aus Merinowolle getauscht. Ihre Freunde sind zu Hause geblieben, so wollten es die Fünf. Auf der einen Seite, um Streit zu vermeiden, da eine von ihnen sich gerade von ihrem Lover getrennt hatte und auf der anderen, weil zu befürchten war, dass die Inanspruchnahme seitens der Männer das Einvernehmen der Fünf stören könnte. Sie stimmen überein, dass Ferien mit dem Geliebten dann am schönsten sind, wenn weder Freunde noch Bekannte die Zweisamkeit beeinträchtigen.

Das Programm. Die Fünf haben sich etwas ausgedacht. Sie wollen die aktuellen Krisen in der Welt diskutieren. An diesen, so behaupten sie, seien die westlichen Demokratien in erheblichem Umfang beteiligt. Das wiederum erkläre sich aus dem Zustand, in denen sich diese befänden.

Besonders kritisch sehen sie Deutschland. Es ist das Land, in dem sie seit vielen Jahren leben, studieren und forschen. Sie sehen es verändert. Das werde deutlich im Blick auf Krieg und Elend, unter denen Europa und dessen Nachbarn seit einigen Jahren leiden. Politik, Medien und wissenschaftliche Institute äußerten dazu nahezu identische Meinungen und reagierten in gleicher Weise. Ansichten und Analysen, gedruckt oder gesprochen, die sie zu Anfang ihres Studiums als vielfältig wahrgenommen hätten, seien zu einigen wenigen, alles beherrschenden, zusammengeschmolzen.

Das empört die Fünf. Sie sagen: Wir wollen dagegen halten. Wir sind entschlossen, eigene Gesichtspunkte zu entwickeln. Wir wollen unsere Argumente diskutieren, auf Konsistenz prüfen und von mehreren Seiten betrachten. Wir werden kritischen Fragen nicht ausweichen. Ist unsere Sicht auf die Welt mit dem aktuellen Stand des Wissens vereinbar? Ist sie mit den uns zugänglichen Fakten in Übereinstimmung? Wird sie unseren moralischen Prinzipien gerecht? Muss sie gemildert, verschärft oder geändert werden?

Wir sind eigensinnig aber nicht streitsüchtig, wir haben eine klare Meinung, aber sind keine Ideologen, wir kritisieren, aber sind nicht besserwisserisch. Wir wollen Freiheit, Gleichheit, Frieden. Wir streben nach Gerechtigkeit und Nachhaltigkeit. Wir werden beraten, was wir dazu beitragen können.

Wir Fünf werden uns an Orten treffen, wo wir der Natur nahe sind. Dort werden wir einige Tage Ferien machen. Loslassen, nichts verschweigen, innere Zwänge überwinden, äußere Grenzen überschreiten. Wir werden die Umgebung erkunden. Feine Mahlzeiten zubereiten. Und über allem – unsere Freundschaften vertiefen.

Das ist es, was die fünf jungen Frauen für diese und die folgenden Verabredungen sich vorgenommen haben.

Nach einem Essen aus Reis, Bohnen und Thunfisch und einem gehörigen Schluck aus der Weinflasche, macht Tosca den Anfang.

„Seid ihr einverstanden, dass wir heute nicht über unsere Doktorarbeiten reden? Dass sie mit keinem Wort erwähnt werden?"

„Einverstanden, aber das mit keinem Wort, das ist vielleicht ein bisschen zu krass", kommt es unisono von allen Seiten.

Die Mitte. „Die Kundgebungen sind es, die in meinem Kopf spuken", erklärt Tosca. „Es laufen zehntausend Leute durch die Straßen und sagen, wir sind die Mitte, wir sind demokratisch. Ein echter Durchschnitt der Bevölkerung? Äußerlich dürfte das zutreffen. Sie sind klein und groß, dick und dünn, alt und jung, Mann und Frau, eingesessenen und zugewandert. Was mich verwundert: es sind überwiegend Leute, die nach eigenem Bekunden noch nie auf der Straße waren, jedenfalls nicht in der Absicht, ihre Meinung zu äußern. Was treibt sie an?"

„Ich fühle mich direkt angesprochen", sagt Sonja, „weil das ganze bei uns in Deutschland stattfindet. Die Leute wollen vermutlich zum Ausdruck bringen, so wie es ist, ist es gut. So soll es bleiben. Wohlstand und Sicherheit bestimmen unser Leben, damit sind wir groß geworden, das ist unsere DNA. Extremisten, rechte vor allem, aber natürlich auch linke, die sind wir nicht, und die wollen wir nicht. Das sind Hetzer, Lügner und Verführer. Die wollen unsere bewährte Ordnung außer Kraft setzen. Was allerdings keinesfalls ausschließt", ergänzt sie nach kurzer Überlegung, „dass sich auch in der Mitte der Gesellschaft ein erklecklicher Anteil von Leuten befindet, denen die vielen Flüchtlinge, inklusive die aus der Ukraine, längst ein Dorn im Auge sind. Weil vor allem die Mitte, angeblich oder tatsächlich, die Lasten zu tragen habe, welche die Flüchtlinge verursachen. Ich gehe davon aus, dass die Mitte im großen und ganzen integer ist und ihre Anliegen mindestens zum Teil vollkommen berechtigt sind. Deshalb habe ich an diesen Demonstrationen nichts auszusetzen, was von Belang wäre. Ich bin aber selbst nicht mitgegangen."

Das Feuer im Ofen ist zu voller Größe entflammt. Tosca wird es zu warm. Eine kleine Verschiebung weg vom Feuer bringt bereits Erleichterung. Die anderen machen es ihr nach. „Wer weiß, warum wir jetzt weniger Wärme verspüren?" ruft Berel in die Runde. „Weil sich die Intensität der Strahlung exponentiell mit dem Abstand von der Wärmequelle verringert", kommt es von Genia. „Wie das?" will Berel wissen. „Physikalische Allgemeinbildung. Gesetz von Beer-Lambert, lernt man in Russland schon mit zehn Jahren. Es beschreibt den Transport elektromagnetischer Strahlung durch Materie. Die Tomographie, zum Beispiel, macht davon reichlich Gebrauch."

„Ihr Lieben, von Physik verstehe ich fast nichts", gesteht Tosca, „ich fühle mich eher in der Psychologie zu Hause. Folglich möchte ich an Sonjas Interpretation anknüpfen. Ich habe beobachtet – es war ja nicht zu übersehen – dass an der Spitze der Demonstrationen, in Berlin und den anderen großen Städten, Kanzler neben Regierungsmitglieder marschierten, umrahmt von Großaktionären, Aufsichtsräten, Präsidenten und Präsidentinnen, in Summe also von sehr wichtigen Leuten. Gibt das nicht zu denken? Mit diesen Demonstrationen hat niemand irgendwo angeeckt. Es waren biedere Aufmärsche, eine Manifestation der großen Einigkeit. Unvorstellbar für mich, dass dieselben, die den Zug anführten, gegen den Krieg, die Ungleichheit der Einkommen und Lebensverhältnisse, gegen den unsäglichen, tagtäglichen Lobbyismus auf die Straße gegangen wären."

Berel: „Eine Demonstration kann das eine oder andere sein, Tosca. Hier ging es ausnahmsweise nicht um Ablehnung, sondern um Bestätigung. Die große Mehrheit ist offenbar in Übereinstimmung mit dem Staat und mit sich selbst. Eigentlich ein idealer Zustand. Andererseits ist die Zustimmung zur aktuellen Regierung in Deutschland äußerst mau. Ein Widerspruch in sich. Eines kann ich nicht verhehlen: Ich bin überrascht von der Beständigkeit der Veranstaltungen und der Zustimmung, die von allen Seiten kam. Von Rechtsextremisten keine Spur, niemand verwehrte den Weg, niemand, an dem man sich reiben konnte, Woche für Woche die gleichen Bilder im Fernsehen, Woche für Woche das gleiche Ritual. Ich staune und wundere mich, dass die Mitte so beharrlich die Straße dem geruhsamen Sonntag vorgezogen hat."

Sonja: „Ich wundere mich nicht. Die Demonstrationen der Mitte haben den geruhsamen Sonntag auf die Straße gebracht. Und mit etwas Glück erblickten die Leute am Abend im Fernsehen, wie sie höchstpersönlich, mit Sprüchen bebändert, den Reportern Rede und Antwort stehen. Und das ist ja nun wirklich das Größte, denn so etwas wird sich im Laufe ihres Lebens nicht wiederholen. Eines ist klar. Die Leute wollten der Politik sagen: passt auf! Wir lassen uns von Rechtsextremisten unseren Staat, dem wir seit achtzig Jahren die Treue halten, nicht kaputt machen. Ich möchte euch in diesem Zusammenhang an den inzwischen wohl etwas aus dem Blick geratenen Soziologen und Professor Werner Hofmann erinnern. In den sechziger Jahren wurde er bei den Linksliberalen – ja, die gab es damals noch, und die waren echt – mit Beifall zur Kenntnis genommen. Er hat 1966 in seinem Buch *Abschied vom Bürgertum* vom erstarkenden Rechtsextremismus berichtet, der in Gestalt der NPD bei Landtagswahlen in Hessen und Bayern überraschend gut abgeschnitten hatte. Ähnlich wie heute, wurde die Regierung damals durch zahlreiche Privatfehden gelähmt. Er schreibt: *Der Rechtsradikalismus gewinnt nach aller Erfahrung immer da an Boden, wo eine ohnehin unleugbar rechts gerichtete Politik gleichzeitig schwach, inkonsequent, lavierend auftritt.*"

„Alles schön und vermutlich auch richtig, was ihr

da sagt. Ich interessiere mich für Fakten. Sonja, du hast dich geoutet, hast nicht demonstriert. Ich bin dabei gewesen. Wer sonst von euch?" Venja schaut erwartungsvoll in die Runde.

„Auch ich war nicht dabei. In der Mitte der Bevölkerung ist es mir ein wenig zu eng", sagt Berel. „Das trifft auch auf mich zu", bestätigt Genia.

„Woraus ich schließe, dass nur ich mitgemacht habe", sagt Venja, selbstbewusst. „Ich will euch dann auch sagen, warum. Ich hatte den Eindruck, das war auch ein Aufstand gegen Fremdenfeindlichkeit und Rassismus, übrigens auch gegen Juden-Feindlichkeit, die in Deutschland untergründig rumort, neuerdings aber wieder ganz unverblümt zu Tage tritt. In diesem Punkt bin ich als Jüdin besonders empfindlich. Hütet euch vor dem deutschen Antisemitismus, hätte ich gern dazwischen gerufen, bekämpft ihn, wo immer ihr ihm begegnet." Sie verstummt. Nach längerer Pause: „Aber meine Stimme ist zu schwach, nicht einmal die vor oder hinter mir gegangen sind, hätten sie vernommen." Sie hält erneut inne. Dann: „Alle in dieser Welt haben das Recht, gegen Juden zu sein. Ihr Deutschen habt es nicht," fügt sie leise hinzu.

Pause. Venja hat das Stichwort gegeben – Israel. Berel greift es auf:

Feldzug der Rache. „Was wird aus Israel, was aus Gaza? Gibt es Hoffnung, die Geiseln zu befreien? Wer kümmert sich um die Menschen, deren Eltern, Geschwister, Verwandte durch den Überfall der Hamas getötet oder verschleppt wurden?"

Venja: „So viele Fragen auf einmal. Zu den Geiseln kann ich gar nichts sagen. Ich weiß nicht mehr als ihr. Man hat sie offenbar gut versteckt, nur wenige sind bisher gefunden worden. Die Angehörigen werden betreut, Hilfe gibt es von vielen Seiten. Was aus Israel wird? Was für eine Frage, liebe Berel. Höre: Israel ist stark in jedweder Hinsicht. Israel wird alle Angriffe abwehren. Es ist wahr: wir in Israel fühlen uns von Feinden umstellt. Und wir sind es, verdammt noch mal, seit der Gründung des Staates Israel im Jahr 1948. Deshalb betreibt Israel viel Aufwand, um seine militärische Stärke immer noch weiter auszubauen. Sein Geheimdienst ist in aller Welt seiner Wirksamkeit wegen geschätzt und wegen seiner Brutalität gefürchtet. Und doch konnten weder er noch das Militär diesen barbarischen, hinterhältigen Überfall verhindern. Ebenso wie einige andere, weniger schlimme, vor nicht langer Zeit. Jetzt geht es um Vergeltung. Die Bevölkerung will Rache. Das kommt der Regierung entgegen. Sie will ihr Ansehen dadurch wiederherstellen, dass sie den Feind bis auf den letzten Mann zur Strecke bringt."

Berel ist eine schwedische Sozialdemokratin, liebt ihr Land und die Gerechtigkeit, die sie jeden Tag aufs Neue zu beobachten glaubt. Auch wenn sie zugibt, dass das vielleicht nur so zu sein scheint, dass zum Beispiel auch in Schweden die Leute mit den großen Einkommen in Wahrheit weit mehr Möglichkeiten haben, ihr Leben zu gestalten und genießen, als die Leute mit den nicht so großen. Wobei sie in diesem Zusammenhang dann stets auf die schwedische Form von Gerechtigkeit verweist, die darin besteht, dass die Leute mit höherem Einkommen sehr viel mehr Steuern zahlen als die mit geringerem Einkommen. Dadurch würde der Unterschied zwischen reich und arm deutlich geringer ausfallen als in anderen Ländern der Europäischen Union. Da könnten alle von Schweden lernen, resümiert sie, und verweist darauf, dass sie mit diesem Hinweis im Wahlkampf gehörigen Beifall bekommt.

Berel lässt nicht locker. Sie will mehr wissen.

„Was, liebe Venja, hat diesen neuerlichen, verheerenden Ausbruch des palästinensisch-arabischen Terrorismus ausgelöst? Dieser Frage kann doch niemand aus dem Weg gehen, der muss man sich stellen, wenn daran gearbeitet wird, die Wiederholung der Ereignisse zu vereiteln. Ist nicht Israels Landnahme, sind nicht die Siedlungspolitik, die Verdrängung und Diskriminierung der palästinensischen Bevölkerung, wichtige Ereignisse, die dieser furchtbaren Tat zu Grunde liegen?"

Toscas Rede. „Die Hintergründe zu erörtern ist immer richtig. Aber das ist eine Sache für sich, die erfordert viel Detailkenntnis. Du weißt, dann muss man Bücher wälzen und Artikel lesen. Mir geht es um das Grundsätzliche. Ich hadere mit dem Motiv, das den Kampf zwischen den beiden Völkern antreibt: es ist immer wieder Rache. Auf der einen wie auf der anderen Seite. Lasst uns über dieses aggressive, aufwühlende Gefühl, das Gebote der Mäßigung mit Leichtigkeit niederzuringen imstande ist, lasst uns über Rache, die zur fürchterlichen Tat drängt, etwas ausführlicher reden. Ich mache mal den Anfang. Das Verlangen, sich für ein begangenes Unrecht, sei es Betrug, Beleidigung, Untreue oder gar Mord durch Verhalten oder Handlung zu rächen, ist vermutlich bei uns allen, wenn auch in unterschiedlicher Intensität vorhanden. Rache ist eine Form der Selbstermächtigung, die zum Ziel hat, den Bösewicht für die begangene Tat zu bestrafen. Im Rechtsstaat gilt aber: Jegliche Form der Bestrafung ist den Gerichten vorbehalten. Mit einer Ausnahme. Wirst du angegriffen, darfst du dich selbst verteidigen, dich für den dir zugefügten Schaden rächen. Das ist international verbrieftes Recht. Die alles entscheidende Frage ist doch aber: wie intensiv und umfänglich darf Rache sein? Dafür gibt es, soweit ich weiß, keine verbindlichen Aussagen. Sie würde aber, folgte man dem allgemeinen Empfinden, dann enden, wenn alle, die im Fall Israel am Überfall beteiligt waren, getötet oder gefangen genommen worden sind. Das Bedürfnis nach Rache sollte damit gestillt sein. Die Mörder im einzelnen herauszufinden, dürfte aber selbst den mächtigen *Mossad* vor schier unlösbare Aufgaben stellen. Und weil das so ist, wird der *Mossad* vorgeschlagen haben, alle Männer in Gaza zu töten, denn nur so könne sichergestellt werden, dass alle Verbrecher erwischt und samt und sonders mit dem Tod bestraft würden. Ob er das tatsächlich vorgeschlagen hat, werden wir nicht klären können. Aber die Tatsachen deuten in diese Richtung. Die Bilder beweisen, dass vorwiegend Unschuldige getroffen, verletzt, verstümmelt, getötet und der Behausung beraubt werden. Man spricht in Gaza im Angesicht der exorbitanten Anzahl von Toten von Genozid. Unter den Toten sind furchtbar viele Kinder. Die Bilder geben einen Eindruck fast vollständiger Verwüstung. Darf Rache so weit gehen, Venja, dass aus einem Krieg gegen Terroristen ein Krieg gegen die Bevölkerung wird?"

Tosca sieht historische Parallelen: „Es gehört zu der moralischen Ausstattung der Gesellschaften, dass Unerbittlichkeit und Gewalt, mit denen die Angegriffenen auf die Angreifer reagieren, mehrheitlich Akzeptanz erfahren. Geschieht es denen doch recht, sind sie doch selbst schuld. Gleiches wird mit Gleichem vergolten. Doch oft geht es sogar darüber hinaus, wenn Rache zur Sucht verkommt, wenn aus Rache Rachsucht wird. Beispiele: Der Völkermord an den Namas und Hereros in Südwest-Afrika. Schon lange her, 120 Jahre und mehr. Die Zerstörung aller größeren deutschen Städte 1941-45, die Atombomben über Japan. Der furchtbare Krieg in Vietnam, der Krieg in Irak."

Berel ringt um Worte: „Warum kämpft Israel nicht gezielt gegen diese schändlichen Terroristen? Mann gegen Mann? Stattdessen bombt man freie Schussbahnen, und legt so die Häuser in Schutt und Asche. Und trifft dadurch vor allem die Bevölkerung, und das in einem unvorstellbarem, herzzerreißendem Ausmaß. Und damit sind wir noch nicht am Ende. Inzwischen gerät Libanon in die gleiche Lage."

„Ihr seid mir zuvor gekommen, Berel und Tosca", sagt Venja. Sie vermag ihre Erregung kaum zu verbergen. „Sonja hatte mir eine Frage gestellt. Die will ich beantworten. Aber voraus muss ich schicken, dass ich alles, was zur Zeit in Israel passiert, auch nur aus der Ferne sehe und höre, insofern es also meine Eindrücke sind, die ich zur Diskussion stelle. Die Bevölkerung in Israel scheint in großer Mehrheit durchaus zu akzeptieren, dass um der Befreiung der eigenen Angehörigen zuliebe, und das Leben der Soldaten nicht zu gefährden, alles erlaubt sei, eben auch die Auslöschung großer Teile der Einwohner. Für diese Haltung habe ich, angesichts der Leiden, die Israel zugefügt worden sind, sehr viel Verständnis. Ich kann sie trotzdem nicht akzeptieren. Sie tut mir weh bis tief in mein Herz hinein. Deshalb kann ich auch das Verhalten der Regierung nicht billigen. Jemand, der dafür die richtigen Argumente findet, ist Moshe Zimmermann. Er lässt an der Regierung Israels in seinem jüngsten Buch *Niemals Frieden* kein gutes Haar. Zimmermann war unmittelbar nach dem Ausbruch des Krieges im Fernsehen zu vernehmen, danach nicht mehr, das ist auffällig, das spricht für sich."

Zwischenruf: „Möglich, dass der israelische Botschafter in Deutschland interveniert hat. Für den sind kritische Äußerungen zur Politik Israels stets

Ausdruck von Antisemitismus. Er weiß, dass er damit die Kritiker in Deutschland augenblicklich zum Schweigen bringt. Kritiker in Spanien, Frankreich, Norwegen oder Belgien, um nur einige zu nennen, würden weiter reden.…"

Venja: „Zimmermann ist ein angesehener Historiker, der sich für die Zweistaatenlösung einsetzt und die aktuellen Probleme auch, ich würde sogar sagen, vor allem als Resultat der falschen Politik aus Vergangenheit und Gegenwart sieht… sie den religiösen Fanatikern und machtversessenen Politikern anlastet. Die Situation ist entsetzlich, ja. Feinde überall. Es könnte doch ganz anders sein, wenn, ja wenn…"

Venja bricht ab, und alle sehen bedrückt zu Boden. Sonja legt den Arm um Venjas Schultern, Venja, mit fünfundzwanzig Jahren die jüngste der Fünf, Sonja mit achtundzwanzig die älteste. Sonja hebt an zu einer längeren Rede:

Sonjas Rede. „Wir sind doch selbst oft der Verzweiflung nah, Venja. Es werden so wahnsinnig viele Menschen geopfert, und es ist immer dasselbe, da hat sich kaum etwas geändert nach den beiden Weltkriegen. Wir in Deutschland befinden uns angesichts unserer Vergangenheit in einem wahren Dilemma. Wir müssen schweigen, obwohl wir reden wollen, denn wenn wir reden, oder uns kritisch äußern, werden wir des Antisemitismus bezichtigt, vielleicht sogar strafrechtlich verfolgt. Obwohl wir uns nichts anderes als das Recht auf freie Meinungsäußerung nehmen… wenn Juden, die selbst so unendlich viel Leid erfahren haben, jetzt mit einer alles erstickenden Gewalttätigkeit und Rigorosität agieren, dann kann das nicht unwidersprochen bleiben; andere Länder, darunter so glaubwürdige wie Irland oder Spanien machen es uns vor. Liebe Venja, ich bin so froh, dass du den Weg nach Deutschland gefunden hast. Denk daran, wie einst Juden und Deutsche in der Wissenschaft kooperiert haben. Was hat diese Zusammenarbeit nicht alles an Erkenntnissen hervorgebracht! Drei Namen nenn ich, die unsere Welt in der einen oder anderen Hinsicht revolutioniert haben: Marx, Freud und Einstein. Es gibt viele andere... Das alles ist vorbei. Und es wird nie wieder so werden. Heute gehen Juden vorwiegend nach Amerika. Aber einige von euch, und du bist dabei, kommen wieder nach Deutschland. Weil die beiden Völker gleichermaßen gründlich wie erfinderisch sind. Trotz aller Unterschiede und trotz der entsetzlichen Vergangenheit wichtige Gemeinsamkeiten haben. Venja, du setzt die deutsch-jüdische Zusammenarbeit in Wissenschaft und Forschung fort. Sieh es so."

„Danke", sagt Venja.

„Gratuliere, Sonja, deine Rede war ja fast eines Präsidenten würdig", sagt Berel. Alle lachen und sind froh, dass Sonja die Situation doch irgendwie gerettet hat.

Das Helle im Dunkel.   Tosca und Genia machen sich auf, um Feuerholz aus dem Verschlag zu holen. Genia wirft einen großen Ast mit ausgetrockneten Nadeln ins Feuer. Die Nadeln fangen sofort Feuer, verwandeln sich in kleine Meteoriten und fallen, ausgebrannt, zurück in die Glut. Allen ist es inzwischen zu heiß – das Dilemma des nicht regulierbaren Strahlungsofens. Die Wärmestrahlung kommt im Körper nicht voran, bleibt nach wenigen Millimetern Haut ganz einfach stecken, erhitzt diese übermäßig und lässt die darunter liegenden Schichten kalt. Sonja öffnet das Fenster, ihr Blick geht jetzt ins schwarz-blaue Dunkel, sucht den Mond.

„Wann kommt der Mond?" fragt sie.

„Vollmond ist angezeigt; im Osten wird er, wie die Sonne und die Sterne, aufgehen, ich sehe schon den ersten Schimmer", sagt Genia. „Ich habe im Übrigen noch ein paar Anmerkungen zu Gaza. In meiner Arbeit... "

„Halt", ruft Tosca, „wir hatten vereinbart, nicht über die eigenen Arbeiten zu sprechen."

„Machen wir in diesem Fall doch ausnahmsweise eine Ausnahme, vielleicht zeigt Genia den Weg, wie man aus dem Schlamassel wieder rauskommt", sagt Venja.

Sonja ist noch am Fenster, lässt der warmen Luft Zeit, auszutreten und verschafft so im Gegenzug der kalten die Gelegenheit, das entstandene Vakuum wieder aufzufüllen. Konvektion nennt man das, hat Genia gesagt. Moleküle höherer Energie werden gegen solche niedrigerer ausgetauscht. Angetrieben durch die Temperaturdifferenz zwischen innen und außen.

Der Mond verlässt sein Versteck hinter dem Gipfel

im Osten, schiebt sich millimeterweise nach Süden vor. Sonja ist fasziniert von der Tatsache, dass das vom Mond reflektierte Sonnenlicht die Dunkelheit der Erde aufhellen kann, so dass das Ringsherum zumindest in seinen Umrissen erkennbar wird.

Genia: „Also in meiner Arbeit, da geht es um die Suche nach Mechanismen, die aktiviert werden müssen, damit eine Meinung in der Gesellschaft so sehr an Bedeutung gewinnt, dass der Regierung, um sich im Amt zu halten, nichts anderes übrigbleibt, als sie in Regierungs-Handeln umzusetzen. Aber mehr will und kann ich nicht sagen, es ist ja alles noch im Entstehen."

„Könnte dein Modell, das ich zwar nicht verstanden habe, aber sich irgendwie klug anhört, auch beim Ukraine-Krieg zum Einsatz kommen?" fragt Berel.

Genia: „Vielleicht, ja doch, das wäre die Bewährungsprobe."

„Bevor wir weitermachen und uns den anderen großen Konflikt vornehmen – haben wir nicht noch etwas Süßes, so zwischendurch, zur Entspannung vielleicht?" fragt Venja.

„Klar", sagt Berel, „ich hab noch zwei Tafeln Schoko im Rucksack, die sollten auch nicht zu lange dort bleiben", steht auf und kommt mit den Tafeln, die durch die zufälligen Bewegungen des Rucksacks bereits mehr oder weniger mundgerecht geteilt, im Nu von den anderen verspeist werden.

Tosca ergreift das Wort, nachdem die Schokolade

mit Rotwein, wenn auch etwas unpassend, begossen worden ist.

Ukraine im Krieg. „Es ist etwas Merkwürdiges passiert bei euch in Deutschland. Eine einst große Partei leistet Abbitte, dass sie viele Jahre auf Entspannung gesetzt habe. Kanzler und Präsident, Mitglieder der Sozialdemokraten, bitten um Verzeihung ob ihrer verständnisvollen Haltung gegenüber Russland – ein Wahnsinn! Dabei war sie im Grunde nichts anderes als opportunistisch, das Übliche eben. Man wollte billiges Gas für die heimische Industrie, und um das zu bekommen, musste man freundlich mit dem russischen Autokraten umgehen."

„Angesichts dessen, was Putin alles ausgelöst hat, ist die aktuelle Wende irgendwie doch verständlich? Oder?" wirft Venja ein.

„Ja, da bin ich mit dir einer Meinung, Venja", sagt Berel. „Denn es ist furchtbar, was Putin da angezettelt hat. Ich kann mir nicht vorstellen, dass er die Folgen vorausgesehen und einkalkuliert hat. Sie werden auch ihn überrascht haben: Die Nato hat sich erheblich ausgedehnt, beherrscht die Ostsee. Die Rüstungsindustrien weltweit produzieren überlegene Technologie, machen riesige Profite, deren Aktien schießen durch die Decke. Junge Leute stehen Schlange, um dort eine Stelle zu bekommen. Das wäre vor zehn Jahren, was sag' ich, vor zwei Jahren nicht vorstellbar gewesen, die hätten sich damals um schnellere Computer und bessere Software gekümmert . . Jetzt produzieren sie Waffen, die einer Fliege auf zwei Kilometer die Augen ausschießen. Die verschießen Geschosse, die mit maximaler Wirkung zerstören und töten. Sind den russischen Waffen um Lichtjahre überlegen. Doch das ist bei weitem nicht alles. Russische Profite, auf westlichen Banken versteckt, werden eingefroren, wenn nicht konfisziert. China und Indien kann Putin offenbar nur durch große Zugeständnisse bei den Öl- und Gaspreisen davon abhalten, sich gegen ihn auszusprechen. Alles das eine Folge der russischen Invasion."

„Waffen dienen der Abschreckung", sagt Kanzler Scholz.

„Waffen dienen der Verteidigung", sagt der Verteidigungsminister.

„Waffen für den Angriff", sagt der General.

„Waffen, um uns und unser Eigentum zu schützen", sagen sechzig Prozent der Bevölkerung.

„Verteidigung ist natürlich immer auch Angriff", sagt Berel.

„So wie Angriff immer auch eine Art der Verteidigung darstellt", sagt Genia.

Sonja: „Was ich mir nie hätte träumen lassen, ist die allgemeine Aufrüstung, nicht nur, aber vor allem in Deutschland, die enormen Mittel, die dafür bereit gestellt werden und die um sich greifende Militarisierung der Frauen, der jungen zumal. Was ist da passiert? Jede Woche in den Sprechrunden – ok, Talkshows, wenn euch das lieber ist – fordern Expertinnen aus dem Bereich Politik und Sicherheit, ganz unverhohlen Waffen, mehr Waffen, am besten alles, was wir haben. Schwere Waffen, neuste Waffen, intelligente Waffen, alles, was verfügbar ist. Alle Waffen in die Ukraine. Und wenn mal jemand von Frieden redet, versucht man stante pede, ihn mit mindestens drei geschickt postierten Gegnern niederzumachen, oder Fragen zu stellen, die niemand beantworten kann; das alles in offener oder versteckter Kollaboration mit der Gesprächsleitung. Die widerspenstige Person kommt ins Stottern und Schwitzen, und so kann es geschehen, dass sie am Ende Abbitte für ihre etwas andere Auffassung leistet.

Kämpfen oder Kapitulieren. Venja: „Zwischenfrage. Angenommen, die Person wärest du, liebe Sonja, auf die sich die drumherum Postierten einschießen. Würdest du durchhalten? Bei Gegenwind aus allen Richtungen gerade bleiben?"

Sonja: „Die Frage stellt sich nicht, Venja. Ich würde nicht eingeladen werden. Und über Situationen, die nicht eintreten, will ich nicht spekulieren."

Tosca: „Wir sind noch nicht fertig, Venja. Sonjas Angaben bedürfen der Ergänzung. Ich beobachte die Aufrüstung in den Medien, die Wiederbelebung der alten Formel: Krieg der Guten gegen die Bösen. Hat man die Leiden der Weltkriege vergessen? Hat im *Westen nichts Neues* nie gelesen? Die Toten, vor allem aus der Sowjetunion, damals Russland und Ukraine noch vereint – vergessen? Und nun bluten sie ein weiteres Mal. Und lasst mich dieses anfügen, auch wenn es polemisch klingen mag, und ich damit niemanden das Recht zur Änderung der eigenen Haltung absprechen will. Unter den heftigsten Kriegstreibern in Deutschland sind aber auffällig viele ehemalige Wehrdienstverweigerer. Was hat das zu bedeuten? Nein, Namen sage ich nicht, mir wird übel, würde ich sie aussprechen. Es ist kaum auszuhalten, wenn sie ihre Fanfaren zum Auf in den Krieg! blasen. Sie wissen – sie werden nicht dabei sein, denn sie sind anerkannte Verweigerer. Ist das zynisch, liebe Leute? Dann würde ich den Satz zurücknehmen. Aus purem Opportunismus. Dass nicht einer der Angesprochenen auf die Idee kommen kann, mit seiner Phalanx von Rechtsanwälten mir eine hohe Geldstrafe aufzubrummen."

„Wie wird das bei euch in Schweden gesehen? Im einst neutralen Land?" fragt Venja.

Berel: „Wir hatten immer einen nicht unbeträchtlichen Anteil von Militaristen in unserem Land, aber die große Mehrheit wollte von Krieg nichts wissen. Jetzt ist eben auch hier alles völlig anders."

Venja: „Ich finde, unsere Diskussion läuft aus dem Ruder, wie man im Deutschen sagt. Ich bin dafür, dass die Ukraine in ihrem Kampf gegen Russland mit allem unterstützt wird, was verfügbar ist. Die Alternativen stimmen doch: hier Demokratie, dort Diktatur, hier Freiheit, dort Knechtschaft, hier Integrität, dort Korruption. Sie stimmen, ich will sagen, sie stimmen im Großen und Ganzen. Nicht dass ihr mich falsch versteht – sie stimmen nicht absolut, sie stimmen nur relativ, nämlich dann, wenn man die

Ukraine mit Russland vergleicht. Im Vergleich zur EU würde die Ukraine nicht gut wegkommen. Und so will ich zulassen, dass in diesem Zusammenhang Waffen das Mittel der Wahl sein können."

Sonja: „Ich bin da total anderer Ansicht: das vermeintlich Gute darf nicht mit dem Blut von hunderttausend Menschen erkämpft werden. Es kann nur durch Niederlegen der Waffen und Verhandlungen und, wenn Frieden nicht anders wiederhergestellt werden kann, letzten Endes auch durch Gebietsabtretungen, nach vorausgegangener freier Abstimmung, erreicht werden. Und die Zeiten ändern sich; kein Zustand, das lehrt die jüngste Vergangenheit, bleibt eingefroren. Irgendwann, vielleicht schon bald, gibt es auch in Russland Veränderungen, so wie sie es mit Gorbatschow gegeben hat, was im übrigen niemand, die super schlauen Geheimdienste einbegriffen, vorausgesagt hat."

Venja: „Ich kann euch da nicht folgen. Ich bin nicht fürs Kapitulieren. Erstens ist es unehrenhaft. Zweitens sind wir dann die nächsten, die dran glauben müssen. Drittens, für Terroristen gibt es keine Gnade. Diese Leute wollen die ganze Erde beherrschen. Sie gehören unter die Erde."

„Im Übrigen", ergänzt Venja, „möchte ich euch daran erinnern, dass Aufgeben die schlechteste aller Lösungen ist. Die Franzosen haben das 1940 getan, und sie waren vier Jahre ein besetztes Land. Die Russen haben nicht kapituliert und sind am Ende, ungeachtet katastrophaler Verluste, als Sieger in

Berlin einmarschiert. Mein Land würde niemals kapitulieren, immer auf Sieg setzen. Und der ist ja bisher auch immer eingetreten."

Schweigen.

Sonja: „Es ist dir unbenommen, hier die Rolle der aktiven Widerstandskämpferin zu übernehmen. Ich für meinen Teil bleibe beim passiven Widerstand."

Tosca: „Sonja und Venja, seid friedlich. Wenn Venja in den Krieg zieht, werden wir beten, dass sie heil daraus hervorgeht. Ich für meinen Teil sehe eine kriegerische Welt, die Gefahr läuft, sich zu vernichten. Seien wir aufrecht und lassen uns nicht von doppelter Moral verführen. Was tun die Amerikaner? Sie beherrschen die halbe Welt. Davor war es England mit seinen Kolonien. Russland hatte den Ostblock. Der ist jetzt futsch. Auch Zentralasien werden sie sich nicht wieder einverleiben können. Und in der Ukraine werden sie bei weitem nicht das bekommen, was sie beabsichtigen, selbst wenn sie militärisch sich als stärker erweisen sollten. Deshalb Friedensverhandlungen jetzt, damit das Töten ein Ende hat.'"

Sonja: „Tosca, Du hast meine Unterstützung..."

Zwischenruf von Berel: „Ich sehe massive Probleme auf beiden Seiten. Ich enthalte mich."

Sonja, beschwörend: „Sind wir uns eigentlich bewusst, welch gigantische Folgen dieser Krieg auch auf die Umwelt hat? Zerstörte Häuser, Dörfer, Städte, vergiftete Erde und Luft, Wirtschaftskrieg, Militäretat in schwindelerregende Höhen! Das zu reparieren, braucht mehr als zehn Jahre, selbst wenn der Westen, wonach es aussieht, alles finanzieren wird."

Berel: „Da hast du ein starkes Ausrufezeichen gesetzt, zweifelsfrei. Aber ich glaube, ich bleibe bei meiner Enthaltung ..."

Tosca: „Genia, du hast noch gar nichts gesagt."

Genia: „Zunächst will ich als Ergänzung zu Venja an den russischen Schriftsteller Wassili Grossman erinnern, der den Kampf um Stalingrad auf ein paar tausend Seiten literarisch verarbeitet. Er stellt dem Leid die Unbeugsamkeit und den Kampfeswillen der Sowjetischen Völker gegenüber. Einerseits bewundert er den Heroismus der Soldaten, andererseits beschreibt er sehr detailliert die Zerstörung, die ein totaler Widerstand bei Kämpfern und Zivilisten auslöst. Es ist ein sehr umfangreiches Werk, man muss nicht alles lesen. Das, wie gesagt, als Ergänzung zu unserer Diskussion. Ihr Lieben, ich finde wir haben alles gesagt, was zu diesem unsäglichen Krieg vorgebracht werden kann."

Stille. In ihren Köpfen rumort es. Haben wir wirklich alles gesagt? Tosca bricht das Schweigen.

Die Abstimmung. „Ich glaube nicht, dass wir alles gesagt haben. Wir haben einige Fragen beantwortet, den Hintergrund aufgehellt. Andere Fragen sind noch offen. Wir haben noch viel vor uns, sollten uns jetzt aber auch nicht festbeißen. Ich bin dafür, dass wir uns entscheiden. Wagen wir eine Abstimmung! Zur Wahl steht: eins – Krieg jetzt beenden oder zwei – Krieg fortführen."

Venja: „Einverstanden. Aber bevor wir das machen, sollten wir hoch und heilig versichern, dass unsere Freundschaft nicht vom Ausgang der Wahl abhängt. Das dürfte am ehesten garantiert sein, wenn wir geheim abstimmen."

„Das wäre ja noch schöner," schimpft Tosca. „Das halten wir doch aus. Ich weiß ohnehin schon das Ergebnis. Ich schreib es hier auf einen Zettel, den könnt ihr nach der Abstimmung sehen."

Venja: „Aber spannender ist es, wenn Zettelchen geöffnet werden und dann die Zahl verkündet wird, als wenn für alle sichtbar, die Hände rauf und runter gehen."

Tosca: „Papperlapap. Lasst uns offen abstimmen oder es ganz sein lassen. Wie gesagt: ich kenne das Ergebnis ohnehin."

Sonja: „Ist mir neu, dass du Wahrsagerin bist. Hat das mit der Doktorarbeit zu tun?"

Genia: „Widerspruch! Doktorarbeiten sind, wie vereinbart, tabu."

Sonja: „Schluss jetzt! Wir kommen zur Abstimmung. Hand hoch, wer für *offen* ist!"

Vier Hände gehen hoch.

Sonja: „Prima. Jetzt kommt die Schicksalsfrage:
Wer ist für zwei? Eine Stimme.
Wer ist für eins? Zwei Stimmen.
Wer enthält sich? Zwei Stimmen.
Ich würde sagen: Das Ergebnis geht zögerlich in Richtung *Krieg beenden*."

„Halt!", ruft Tosca, „ich sehe das anders. Was bedeuten die Enthaltungen? Geht das? Den Krieg weder beenden noch fortführen? Ich schließe daraus, dass es Krieg gar nicht gibt, dass die Existenz eines solchen schlichtweg nicht anerkannt wird."

„Sehr spitzfindig", sagt Berel.

Genia: „Aber irgendwie logisch."

Venja: „Beenden wir dieses Kapitel? Wir sollten uns eine Pause gönnen."

Das Leben ist gut. Das machen wir, kommt es von allen Seiten. Wir stehen jetzt auf, bilden einen Kreis, umfassen unsere Schultern, jeweils von links als auch von rechts, singen ein Lied, und trinken den Rotwein leer. Und plötzlich, wie von Zauberhand, steht eine sehr kleine Flasche Grappa auf dem Tisch. Zehn Milliliter pro Person. Sonja erinnert an den zugegebenermaßen albernen Spruch: *Ein Schnäpschen in Ehren kann niemand verwehren.*

"Was haltet ihr von *Bella ciao*?" erkundigt sich Tosca.

Sie rezitiert die Strophe, und dann geht es los: fünfstimmig erschallt das Partisanen-Lied von 1944 in der Jägerhütte, im Kreis der leicht angeheiterten Fünf, in einer Nacht mit Vollmond, im schneearmen Januar des Jahres 2024. Sie versuchen ein Resümee: vieles, was wir für wichtig halten, haben wir heute zur Lage der Welt gesagt. Wir haben uns alle erdenkliche Mühe gegeben, die Diskussion wohlbegründet und ehrlich zu führen, hin und her zu wenden und die Argumente sorgsam abzuwägen. Jede

Stimme zählte, kam zu ihrem Recht. Niemand wurde bevor- oder benachteiligt. Was wir gesagt, gedacht oder gefühlt haben, bleibt unter uns. Oder sollten wir es heraus lassen, der Welt draußen mitteilen? Das könnten wir bereuen, deshalb sollten wir die Entscheidung, ob offen oder geschlossen, auf später vertagen, wir sind ja erst am Anfang, da wird noch was kommen. Im Übrigen: Wen wird es interessieren? Wer wird uns loben? Wer beschimpfen? Oder ignorieren? Wir sind Wissenschaftlerinnen, da gilt es, mögliche Reaktionen abzuschätzen, bevor wir veröffentlichen. Angesichts der vielen unbeantworteten Fragen zitiert Genia Bertolt Brecht:

Und so sehen wir betroffen – den Vorhang zu und alle Fragen offen."

In der Nacht fällt ganz sachte Schnee, zehn Zentimeter kommen dazu. Am Morgen bei fahlem Licht des Sonnenaufgangs werden Wolfsspuren in der Nähe des Hauses gesichtet. „Der hatte Hunger, aber bei uns nichts gefunden", spottet Genia. Sie kennt sich aus mit den Wölfen, die Russland, auch ohne irgendwelche Schutzmaßnahmen, in großer Zahl bewohnen. Russland, das Riesenreich, das sich über vierzig Breitengrade von Süden nach Norden und hundert zweiundsiebzig Längengrade von Osten nach Westen ausstreckt. Die Fünf springen kurz entschlossen, splitterfasernackt, in den Schnee, wälzen sich darin, formen Tennisbälle und lassen sie sich zerreiben auf Brust und Schultern, bis sich die Kälte in seltsam erregende, flammende Wärme verwandelt, und die Haut aussieht wie nach einem Sonnenbrand. Dann schlüpfen sie in die Skianzüge, stürmen hinauf in sicherer Spur bis auf zweitausend achthundert Meter. Ihr Steinhaus fest im Blick, schießen sie in rasender Fahrt wieder herunter auf zweitausendzweihundert.

Der Schnee ist mit zunehmender Sonne schwer geworden; man denkt an vorzeitigen Abstieg, denn für die nächsten Tage hat das Handy Warmluft angesagt, und Regen nicht ausgeschlossen, auf dieser Höhe im Januar. Und da sie dem Handy mehr als ihrer eigenen Wetter-Prognose vertrauen, beschließen die Fünf, einen Tag früher als geplant ihren Ausflug zu beenden und infolge dessen den heutigen Abend zum Abschluss-Abend zu machen. Es werden Kochkünste aktiviert, die nur bei Tosca das Minimum übertreffen. Immerhin gelingt es, aus dem Mitgebrachten feine Küchlein zu backen, die außer Hirse auch Haferflocken, Quark, Kapern, geriebenen Parmesan, Salz und Pfeffer enthalten. Eigentlich sollte auch Oregano dabei sein, aber der ist zuhause geblieben. Der Ofen ist zugleich Herd, die große Pfanne darauf ein vortreffliches Gerät, um die Küchlein in Öl recht braun zu backen. Für jede gibt es drei, und alle sind sich einig, dass sie so schnell nicht wieder einen derartigen Schmaus geboten bekommen. Getrunken wird das Wasser vom Brunnen, der vor dem Haus ohne Unterlass plätschert – also keineswegs wie zunächst befürchtet eingefroren ist; die allgemeine Erwärmung, man wird immer wieder daran erinnert, ist am Werke und hat eben auch ihr Gutes. Gleiches wurde kürzlich von einem Schweizer Bundesrat geäußert, dem die Schweiz mit ihren hohen Bergen schon immer zu kalt war. Er wurde deswegen vom Parlament heftig gescholten und als Klimaleugner gebrandmarkt.

Zur Gruppe der Leugner gehören die Fünf nun wahrlich nicht – im Gegenteil, sie wissen um die Hintergründe und wünschen Öl, Gas und Kohle zum Teufel. Aber sie sind sich einig, dass die Ansicht des Schweizers eigentlich eine ganz natürliche, sogar respektable Reaktion auf bevorstehende Änderungen ist. Sie macht aus objektiv schlechtem etwas subjektiv Gutes. Gewiss, das ist gegen das Credo der Wissenschaft. Dieser haben die Fünf sich verpflichtet; schließlich sind sie Tag und Nacht damit beschäftigt, ihr neue Ergebnisse abzuringen. Zugleich sind sie sich bewusst, dass das Leben durch ganz andere Aspekte bestimmt wird. Oft genug in scharfem Widerspruch zur Wissenschaft, insbesondere ihrem Paradigma der Genauigkeit, verdichtet im Beweis, zum Beispiel einer Formel oder Behauptung. Das Leben muss, der Großzügigkeit halber, Ungenauigkeiten erlauben, Kompromisse zulassen. Woraus im konkreten Fall folgt, so sagen sie, dass wir nicht alle Probleme der Welt hier oben besprechen können. Klima und Wetter sowie deren unheilvoll drohende Veränderungen, die lassen wir außen vor. Fürs Erste zumindest.

Schon während des Essens war Berel dabei, auf

ein kleines Stück Papier, zwischen Teller und Gabel geklemmt, rätselhafte Linien zu zeichnen. Nach dem Essen ist daraus ein wahres Kunstwerk entstanden.

Berel, die Künstlerin. „Schaut, was Berel gemacht hat. Seht nur, was sie sich hat einfallen lassen!", ruft Sonja, die als erste das Kunstwerk entdeckt hat. Augenblicklich versammeln sie sich hinter Berel und sehen, über ihre Schulter gebeugt, fünf putzige Gestalten, die in rasender Fahrt den Berg hinunter sausen.

Berel ist geübt in derlei Kompositionen, schon in der Schulzeit hat sie Comics gezeichnet. Später dann eine Ausbildung als Graphikerin begonnen, aber bereits nach drei Monaten wieder abgebrochen, es war ihr einfach zu langweilig.

„Eine Parodie, eine Karikatur auf uns Fünf", rufen sie, „oh du lieber Himmel, who is who? Die mit den abstehenden Zöpfen, das muss Berel sein, und vorn ist Tosca. Welch elegante Haltung auf den Ski, regelgerecht, und in der Tat, wir sind in zwei Reihen gefahren, herrlich, was du da aus uns gemacht hast. Berel, wenn das mit der Wissenschaft nichts wird, wirst du Computer-Graphikerin!"

Berel, unbeeindruckt von den Lobgesängen, sagt: „Jetzt wird erst mal verdaut, und dann kommt die Wirtschaft dran. Sind wir vorbereitet?

„Aber sicher. Wirtschaft regiert die Welt."

Wirtschaft der Genügsamkeit. Venja: „Unsere Wirtschaft ist kapitalistisch, und der Kapitalismus gerät in eine Krise, wenn die Wirtschaft nicht wächst. Kaufen und Verkaufen funktionieren, sofern rastlos produziert und investiert wird. Die sozialistischen Experimente, als Gegenentwurf zum Kapitalismus, sind sämtlich gescheitert. Revolutionen gaben große Versprechungen, diese wurden in Folge samt und sonders gebrochen. Jetzt ist Fantasie gefragt, um neue Formen des Wirtschaftens auszudenken. Dabei ist zu beachten, dass dieses einen Wohlstand ermöglicht, der mit dem aktuellen vergleichbar ist."

Berel: „Ich würde diese Frage weniger von der Frage der Erhaltung des allgemeinen oder individuellen Wohlstands, als von der Erhaltung des Planeten her angehen. Es ist unzweifelhaft, dass wir auf eine langfristig unverträgliche Erwärmung zusteuern. Die Ursache dafür ist bekanntlich der Einsatz nicht nachhaltiger Energie. Diese wird mittelfristig durch nachhaltige ersetzt werden, aber sie wird kaum den aktuellen und zukünftigen Bedarf an Energie, insbesondere elektrische Energie, abdecken. Dazu gibt es mannigfache Studien, die diese Annahme belegen."

„Wodurch wird der Energiehunger verursacht? Mir kommen vier Faktoren in den Sinn. Erstens: Die weitere Zunahme der Erdbevölkerung und die Ausdehnung moderner Technologie auch in die ärmeren Teile der Erde. Zweitens: die weiter fortschreitende Digitalisierung; drittens die Künstliche Intelligenz und viertens der Umstieg auf das Elektroauto", sagt Venja.

Tosca: „Um den Energiehunger einzudämmen, ist Sparen, Vermeiden und Wiederverwenden angesagt. Letzteres ist, wie ihr wisst, Gegenstand meiner Doktorarbeit. "

Berel: „Halt! Es gilt unsere ursprüngliche Verabredung – kein Wort zur Doktorarbeit!"

Tosca: „Wie schade! Nur zehn Sekunden, bitte!"

„Einverstanden", ruft es vierstimmig.

Tosca: „Dann dazu also das. Ich bin dabei, Kreisprozesse verschiedener Art durchzurechnen, was auf eine Wiederverwendung von gebrauchten Stoffen hinausläuft. Gemäß dem Motto: aus Alt mach Neu. Die Modelle dazu kommen von mir; die Umsetzung ins technisch Machbare kommt von meinen Kollegen, die daraus ihrerseits eine Doktorarbeit machen werden."

Berel: „Das war es schon?"

Tosca: „Ich sollte es kurz machen. Wenn ihr mehr hören wollt, herzlich gerne."

Sonja: „Ein klitzekleines bisschen, jawohl! Nicht mehr. Ansonsten müssen wir alle nachziehen, und das wäre nun der erste, grobe Verstoß gegen unsere Regeln."

Tosca: „Ach nein, mehr will ich dazu jetzt doch nicht sagen, ich bin schließlich froh, dass zwischen hier und der Arbeit eine große räumliche Distanz liegt. Mich beschäftigt die Frage, wie oder wo gespart werden kann. Denn beides ist wichtig, Recyceln ist das eine, Sparen das andere. Ich hab's!" Und lacht dabei. „Sparen können wir bei unserem Konsum. Enthalten wir uns und tragen unseren Rock ein Leben lang! Schluss mit dem Überfluss! Dazu gibt es übrigens ein Büchlein, das Ende des neunzehnten Jahrhunderts erschienen war. *Thorstein Veblen* heißt dieser Kauz, ein philosophierender Ökonom aus Norwegen. Sein Thema war *Conspicious consumption* und *The theory of the leisure class*. Diese Bücher sollten gelesen werden, sie sind heute aktueller als damals. Vor hundert Jahren war es die Luxusklasse, die berühmten oberen Zehntausend, heute hat sich das Gebaren, wenn natürlich auch in bescheidenerem Rahmen, auf die bürgerliche Mitte ausgedehnt. Wohlstand wird gleichgesetzt mit uneingeschränktem Konsumieren. Essen, Trinken, Anziehen, Auto fahren, Urlaub machen, in die Kneipe gehen. Also: bleibt zu Hause, das ist der erste Schritt, den Verbrauch einzuschränken."

Venja: „Dann sind wir die ersten, die dagegen verstoßen, Hätten uns schließlich auch zu Hause in Freiburg zusammen setzen können."

Sonja: „Das ist eine gute Idee. Das werden wir tun. Ich lade euch alle ein. Ich freue mich. Aber das hier ist doch schön, inspiriert zu manchen Ideen, *hier bin ich Mensch, hier darf ich's sein.*"

Berel: „Wo kommt das her?"

Sonja: „Ich glaube, aus Goethes Faust."

Berel: „Ach ja, euer Genius des Geistes. Wo waren wir?"

„Bei der *Wirtschaft der Genügsamkeit.* Bezeichnen wir das künftige Wirtschaften doch einfach in dieser bescheidenen Weise!"

„Ja, warum nicht? Die Formel gefällt mir. Aber die kapitalistische Produktionsweise, die Eigentumsverhältnisse, die Ökonomisierung von allem und jedem, all das würde beibehalten?", fragt Berel.

„Solange, bis uns nichts Besseres einfällt", erwidert Sonja.

Genia: „Zu genügsam passt schrumpfen; es ist das Gegenteil von wachsen. Der Automarkt, der aktuell schon jetzt schrumpft, würde weiter schrumpfen; dafür würden Bus, Bahn und Fahrrad wachsen, so auch die Digitaltechnik, die künstliche Intelligenz, huch, die ist mir jetzt so raus gerutscht und macht mir tatsächlich regelmäßig Bauchschmerzen."

Tosca: „Da musst du an dir arbeiten Genia. KI ist die Technologie der Zukunft. Sie wurde Jahrzehnte lang im Dämmerschlaf gehalten und hat seit ein paar Jahren mit Urgewalt die Industrie in einen brutalen, den Auswirkungen nicht übersehbaren Verdrängungswettbewerb katapultiert."

Venja: „Wir werden darüber reden, demnächst, ganz sicher, aber ich glaube, auf dieses Thema sind wir jetzt nicht ausreichend vorbereitet, lasst es uns vertagen."

Genia: „Die Bibel sagt: Machet euch die Erde untertan. So ist man Jahrhunderte, bis heute, verfahren. In Zukunft geht es darum, die Sphären der Erde zu schützen. Was diesen entnommen wird, muss ihnen auch wieder zurückgegeben werden. Und das kann vielleicht am ehesten durch eine Wirtschaft der Genügsamkeit realisiert werden."

Venja: „Die Sphären, das hört sich irgendwie nach griechischer Mythologie an. Wir leben, wenn ich daran erinnern darf, im 21. Jahrhundert."

Genia erläutert: „Bei den Griechen waren es die Sphären, die sich zum Himmelsgewölbe zusammenfügen: Land, Wasser, Luft und Leben. Die gelten unverändert. Wir nennen sie: Lithosphäre, Hydrosphäre, Atmosphäre, Biosphäre. Eine weitere gewinnt zunehmend an Bedeutung, wenn es um die weltweite Erwärmung des Klimas geht – es ist die Kryosphäre. Das ist der vereiste Bereich der Erde. Davon wussten die Griechen noch nichts, es war einfach schon damals zu warm bei denen. Zur Kryosphäre gehört das Eis der Meere am Nord- und Südpol sowie das Eis auf dem Land. In den Gebirgen sind das die Gletscher."

Venja: „Zurück zur Genügsamkeit. Das werden die meisten nicht mit Wohlstand in Verbindung bringen. Stell dir vor, die bürgerliche Mitte würde für Genügsamkeit auf die Straße gehen! Was für eine Gaudi."

Tosca: „Dann würde die deutsche FDP auf der Insel Sylt, einem Lieblingsort der Bestverdienenden, eine Gegendemonstration ins Leben rufen."

Venja: „Dann wüsste man endlich, wer alles dazu gehört. Ich glaube es sind viel weniger, als das berühmte ein Prozent, das von den als fortschrittlich geltenden Armutsforschern angeführt wird."

Berel: „Das hängt natürlich ab von der Schwelle, oberhalb der sich die Superreichen tummeln. Lasst ab davon, wir laufen Gefahr, uns die Laune zu verderben, wenn wir dabei auf Musk oder Zuckerberg stoßen."

Sonja: „Ich vermute, dass die Bezeichnung *Genügsamkeit* die Gesellschaft zutiefst spalten würde. Es würde Mord und Totschlag geben."

Venia: „Sonja, ich bitte dich! Du malst den Teufel an die Wand!"

Lebenslanges Lernen. Tosca: „Es würde schwierig werden. Deshalb ist umfassende, sich wiederholende Aufklärung der Bevölkerung erforderlich. Die Teilnahme an entsprechenden Veranstaltungen muss verpflichtend werden. Ausreden gelten nicht. Ein umfassendes Lehrprogramm muss vorbereitet werden.

Die Schulen müssen am Abend ihre Pforten öffnen, damit die Erwachsenen oberhalb dreißig in Sachen Genügsamkeit lernen. Ich fände das wunderbar, ein verpflichtendes Lernen in der Abendschule!"

Sonja: „Ich auch! Verpflichtendes Lernen! Nur so kann man dem wachsenden Rechtsruck in Europa begegnen. Alle oberhalb von dreißig wieder in die Schule."

„Widerspruch! Mit dreißig sind sie gerade aus der Schule."

„Dann lass uns die Schwelle auf vierzig setzen."

„Widerspruch! Das ist statistisch gesehen das kritische Alter, wenn sich die Ehepaare wieder scheiden lassen. Dann sind sie dabei, sich einen neuen Partner zu suchen. Ihr Lernvermögen steht auf Null."

„Also gut, dann ab sechzig. Dann sind sie vernünftig geworden."

„Widerspruch! Dann erreichen wir nur die Hälfte der Bevölkerung."

„Also gut, dann ab fünfzig."

„Auch das dürfte schwierig sein. Einige sind auf dem Höhepunkt ihrer Karriere, da kannst du denen nicht mit Genügsamkeit kommen. Andere haben ihren zweiten Frühling. Aber um zu einer Entscheidung zu kommen – lass uns das verpflichtende Alter auf fünfundvierzig setzen."

Sonja: „Abgemacht. Alle oberhalb fünfundvierzig wieder in die Schule." Weiter im Flüsterton: „In diesem Zusammenhang fällt mir die Deutsche Bahn ein. De facto praktiziert diese bereits seit einiger Zeit das Prinzip der Genügsamkeit. Sie macht daraus das Prinzip der Langsamkeit. Aber sagt es nicht weiter, wer weiß, sie schlagen uns die Fenster ein."

Tosca: „Dann würde ich endlich schalldämmende und isolierende Fenster bekommen. Bei mir gibt es noch einfaches Fensterglas, und das im Jahr 2024. Im Ernst – Genügsamkeit bedeutet nicht notwendig auch Langsamkeit. Ich sehe sie eher assoziiert mit Gelassenheit."

Tosca: „Ist hier nicht eine Debatte über die Demokratie vonnöten? Meine Meinung: Sie ist erstarrt. Ein offener Ideen-Wettbewerb wäre nötig, um sie aus der Erstarrung zu lösen. Weiter gedacht: Jede Stadt und jedes Dorf werden verpflichtet, Bürgerräte wählen zu lassen. Die Räte müssten Rechte erhalten, das Recht auf Eingaben, die öffentlich diskutiert und zur Abstimmung gestellt werden."

Berel: „Das wären dann tatsächlich Elemente der direkten Demokratie. Die repräsentative hat abgewirtschaftet."

Genia: „O je, jetzt müssen wir anhalten. Sonst kommt noch der Staatsschutz und steckt uns ins Gefängnis!"

Tosca: „Was für schreckliche Gedanken gewinnen hier die Oberhand. Liegt das an der Abgeschiedenheit?"

Venja: „Wir sind nicht in Russland."

Genia: „Aber auch nicht in Israel."

Sonja: „Wir sind im Land der uneingeschränkten Freiheit. Hoch soll sie leben, die neoliberale Demokratie."

Bergauf, bergab. Die Fünf sind müde. Vom Skilauf und den heftigen Wortduellen. Sie löschen die Kerzenlichter. Sie klettern die steile Treppe hinauf. In ihrem Schlaflager pendelt die Temperatur um vier Grad. Unten im Raum mit dem Ofen war es schön warm, aber die Wärme, die naturgemäß nach oben will, wurde von den dicken Dielen abgewehrt, die den Schlafraum vom Aufenthaltsraum abgrenzen. Die Fünf sind tapfer. Ihre Durchblutung funktioniert. Sie kuscheln sich in ihre Schlafsäcke, liegen in Gänsedaunen, dicht aneinander ausgestreckt. So kann die Wärme von einer zur anderen fließen, und mit ihr, auch das ist nicht ausgeschlossen, die verästelten Gefühle, welche die Diskussionen begleiten, die Gespräche hier oben, auf zweitausendzweihundert Meter, in einem Haus aus dem Holz der Lärche, dem unübersehbaren Baum, dessen Holz sich durch Langlebigkeit auszeichnet, jeder Art Feuchtigkeit widersteht, und der einzige ist unter den Blutsverwandten, der seine Nadeln in der kalten Jahreszeit abwirft. Ob das so bleibt, wenn die Winter immer wärmer werden?

Nur bei Venja lässt der Schlaf auf sich warten. Sie liegt zwischen Sonja und Berel, deren Atmung auf Tiefschlaf schließen lässt. Sie hadert mit ihrer Fähigkeit der Anpassung, ist sich nicht sicher, ob sie zu rigoros reagiert. Ist es wirklich gerechtfertigt, Brutalität mit Brutalität, Herzlosigkeit mit Herzlosigkeit zu beantworten? Immer das gleiche Schema zu verfolgen, Hass auf der einen und Hass auf der anderen Seite? Das nun schon seit Gründung des Landes, dem sie angehört und das sie um nichts in der Welt gegen ein anderes Land tauschen würde. Und da ist auch bei ihr an der einen oder anderen Stelle die Vergangenheit zwischen die Gegenwart geraten, das mörderische Deutschland von damals in das um Ausgleich bemühte von heute. Es ist so schwer, sich von den Bildern zu befreien, die sie in Auschwitz gesehen hat, zusammen vor einem Jahr mit den Vier. Sonja hat Recht, Deutsche und Juden haben ganz große Forschung gemacht, und Juden haben sich als Deutsche gefühlt und die Reputation dieses Landes, dessen wissenschaftliche Größe, wesentlich mitgeprägt. Marx, Freud, Einstein! Aber so einer wie Feynman, der Amerikaner Richard P. Feynman, der hat sie eigentlich viel stärker angesprochen als diese drei altertümlichen Männer. Auch er ein Jude. Vermutlich war ihm das egal. Vielleicht auch nicht. Eine Ausnahme in jeglicher Hinsicht. Eine universelle Begabung, vorwiegend Physiker, Theoretiker und zugleich Praktiker, einer der seine Ergebnisse auch Laien verständlich machen konnte, dessen Vorlesungen zu einem Kunstwerk gerieten. Der hat auf Ehrungen wie den Doktor ehrenhalber nichts gegeben, wonach der Durchschnitt lechzt und diese, als *Dr. h.c.mult.* vor den Namen setzt. Das hatte Feynman nicht nötig. Den Nobelpreis hat er akzeptiert. Mit seiner Meinung hat er nie hinter dem Berg gehalten. So einer wäre ihr Vorbild, natürlich unerreichbar, deshalb wollte sie ursprünglich nach Amerika, nirgendwo kann man sich freier fühlen als eben dort, hatte sie angenommen. Die Bewerbung ging daneben. Deutschland war zweite Wahl. Aber keine schlechte, sie kommt voran mit ihrer Doktorarbeit. Sucht sich dort womöglich sogar einen Job. Findet dort den Mann ihrer Träume. Venja, was ist mit dir? Mangelt es dir an Patriotismus? Venja, du bist Jüdin! Ja und? Ich bin vor allem Wissenschaftlerin und somit international, muss mehrere Seiten betrachten, jegliche Einseitigkeit vermeiden. Ich habe eine Moral. Die sagt mir: Brauchen wir nicht eher Großzügigkeit, im Denken wie im Handeln?

Sei es wie es sei, sagt sie sich, ich befinde mich auf dem richtigen Weg. Bin verbunden mit den Vier, fühle mich geschützt und verstanden. Das Hin und Her, das Für und Wider ist eine gute Schule. Ich sehe keinen Grund, unzufrieden zu sein.

Dergestalt beruhigt, versinkt sie in einem dämmerigen Schlaf.

Abschied, vorläufig. Sie fahren umsichtig, mit engen Schwüngen bergab, Tosca erneut voraus, sie ist erfahren und kann mit den Ski umgehen, es ist eine Erlebnis, ihr dabei zuzusehen. Dann kommt der Wald, da wird es schwierig, und manchmal ist es besser, rechtzeitig zu fallen als am Baum hängen zu bleiben. Dann plötzlich, unübersehbar, die Spuren des Wolfes. Es muss derselbe gewesen sein, der Nachts ums Haus geschlichen ist, so die einhellige Meinung. Als der Schnee zu dünn wird, wandern sie zu Fuß ins Tal. Sie verabschieden sich auf das herzlichste, geloben einander, das ganze irgendwann zu wiederholen. Jetzt habe allerdings erst mal die Doktorarbeit Vorrang, dann wohl auch die Entscheidung, wie es mit der Beziehung weitergehe, ob dieser oder nicht doch ein anderer, bislang noch unbekannter. Schließlich könnte sich ja auch, ganz unvermittelt, das Verlangen nach einem Kind einstellen, selbst wenn es zur Zeit kein Thema sei. Kurzum, eine Menge Entscheidungen, die natürlich alle gut überlegt sein sollten. Jetzt wollen sie für ein paar Tage zu den Eltern. Und was ist mit Genia? Sie sei zuversichtlich, heißt es, sie mache sich keine Sorgen. Nach Russland sei das eine, es würde gehen; ob sie auch wieder herauskäme und in Deutschland Einlass fände, sei das andere. Aber da gäbe es ja noch die Vier, die würden ihr die Steine aus dem Weg räumen, koste es was es wolle. Sie umarmen Genia, eine nach der anderen, so dass angesichts dieser nachhaltigen Freundschaftsbezeugung Genias zur Schwermut neigende Augen sich mit Tränen füllen.

„Hat eigentlich jemand mitgeschrieben?" fragt Berel. „Es wäre doch irgendwie schade, wenn unsere tiefsinnigen Wortbeiträge der Vergessenheit anheim gegeben würden."

Sonja: „Ich hab alles aufgenommen."

Da sind vier von den fünf sprachlos.

„Wie hast du das geschafft?"

„Verrat ich nicht. Ich werde dafür sorgen, dass nichts an die Öffentlichkeit gerät, alles so lange bei uns bleibt, bis wir einstimmig uns anders entscheiden. Einen Aufstand der bürgerlichen Mitte Deutschlands, wie eingangs diskutiert, werden unsere Gespräche jedenfalls nicht auslösen."

„Solange sie bei uns bleiben."

„Den sollten wir in der Tat vermeiden."

„Keine Sorge, ganz abgesehen davon, dass unsere Einfälle, wie originell sie auch sein mögen, niemanden vom Hocker reißen werden."

„Das ist mir nun aber doch zu pessimistisch", sagt Berel.

„Ich wollte doch nur das Gegenteil hören. Danke, Berel."

„Wer gliedert deine Notizen, macht ein richtiges Manuskript zum Nachlesen, vielleicht auch Vorzeigen?"

„Da kenne ich jemanden, der wird es richten", sagt Sonja.

Die dem Abschied innewohnende Wehmut scheint auch hier sich anzubahnen. Sie wird beherzt umgangen; sie umarmen sich innig: „Wir sehen uns in einer Woche im Wohnheim." Dann gehen sie, jede der Fünf in eine andere, von Herkunft bestimmten Richtung. Tosca in die Toskana, Berel nach Schweden, Genia nach Russland, Venja nach Israel und Sonja nach Deutschland.

Der Protokollant. „Ich bin von Sonja gebeten

worden, ihre stichwortartigen Aufzeichnungen zu einem lesbaren Ganzen zu verbinden. Da ich mir eigene Gedanken zu diesem und jenem mache, habe ich mir erlaubt, ihnen freien Lauf zu lassen und sie an geeigneten Stellen in die Erzählung einzufügen.

An dieser Stelle gehe ich auf Anregungen von einigen wohlmeinenden Leuten ein, die vorab Teile des Manuskripts gelesen haben. Diese wünschten sich eine detailliertere Beschreibung der Fünf – wollten ihre Gebärden kennen lernen, über ihre Stimmen, Farben von Haar und Augen unterrichtet werden. Wer von ihnen eher aufbrausend oder besänftigend, wer groß oder klein, zart oder kräftig sei... Zu einigen dieser Fragen gibt die Erzählung recht eindeutige Hinweise. Andere werden aus guten Gründen unbeantwortet bleiben. Im Übrigen kenne ich die Fünf nur aus Sonjas Aufzeichnungen, und werde einen Teufel tun, etwas dazu zu dichten. Die Frage nach den Stimmen der Fünf will ich aber gerne beantworten. Es gibt nämlich Passagen bei Sonja, in denen sie diese aufgezeichnet hat. Ob heimlich oder mit Wissen der Fünf, bleibt im Dunkeln.
Genias Stimme ist unüberhörbar, sie rollt das R, es hinterlässt Impressionen, denn es klingt, als wollte ein Rad den Berg herunterrollen. Toscas Stimme ähnelt dem Glockengeläut einer Ziegenherde; Sonjas Stimme hat den Sound der besorgten Mutter, die ihre vier Bälger in Schach halten muss; Venjas Stimme ist klar, bestimmt, wenn auch leise; Berels Stimme überträgt die schwedische Satzmelodie ins

Deutsche, was diesem eine leicht beschwingte Note verleiht.

In Sonjas Wohnung

„Was ist mit Genia?"

„Ich hab ihr eine Email geschrieben, und sie hat postwendend zugesagt."

Seit dem Aufenthalt der Fünf, in jener abgelegenen Hütte auf zweitausendzweihundert Meter, sind bereits drei Monate vergangen. Drei Monate, in denen sich die Welt um ein weiteres Stückchen verändert hat. Grund genug, findet Sonja, darüber zu diskutieren, und verschickt die Einladung, bei Kuchen und Tee, in ihrer Wohnung die Gespräche wiederaufzunehmen.

Die Fünf wohnen und studieren in Freiburg, dieser hübschen, freundlichen und liberalen Stadt im äußersten Südwesten von Deutschland, zwischen Rhein und Schwarzwald. Sonja bewohnt ein recht komfortables Domizil, das für Schlafen und Wohnen zwei getrennte Räume vorsieht. Dieser Vorteil gegenüber den Wohnungen der Vier (die jeweils nur über einen Raum verfügen), ist so bedeutsam, dass die Zusammenkunft der Fünf, wenn in Freiburg geplant, stets bei Sonja stattfindet. Sie hatte das Glück, aus der unüberschaubaren Schar von Bewerbern, trotz ihrer prekären Beschäftigung in Form des Zeitvertrags, ausgewählt worden zu sein.

„Ist sie denn überhaupt aus Moskau zurück? Vielleicht hatte sie Schwierigkeiten bei der Einreise? Bei den Kontrolleuren schrillen die Alarmglocken, wenn jemand aus Russland kommt", sagt Berel.

Es klingelt. Genia? Sonja stürzt zur Tür. „Genia, wir waren in Sorge, ob du es überhaupt wieder nach Deutschland geschafft hast."

Genia, in Winterjacke, kommt ins Zimmer, wird freudig empfangen. „Ich habe heute meine Verlängerung des Arbeitsvertrags bekommen. Ein weiteres Jahr haben sie mir zugestanden. Ich hatte mit zwei gerechnet."

Zeitverträge. Der Protokollant informiert über die Arbeitsverträge der wissenschaftlichen Mitarbeiter und Mitarbeiterinnen in Deutschland.

«Das Statistische Amt in Deutschland berichtet über 12.754 Frauen und 14.978 Männer, die 2022 ihre Promotionsurkunde erhalten haben. Außerdem ist zu erfahren, dass zur Zeit mehr als 200.000 Personen mit ihrer Doktorarbeit beschäftigt sind, davon ein Drittel aus dem Ausland. Fast alle Doktoranden, männlich wie weiblich, sind befristet angestellt. Sie werden zum überwiegenden Teil aus sogenannten Drittmitteln finanziert, die von öffentlichen und privaten Förderern den Hochschulen zur Verfügung gestellt werden.

Für die Mitarbeiter ist die Befristung eine schwere Last; sie erzeugt Unsicherheit, da die Zukunft davon abhängt, ob der Vertrag verlängert wird. Für die Institutsleitung, vertreten durch Professoren der verschiedenen Abstufungen, überwiegen die Vorteile. Sie kann die Befristeten wieder los werden, wenn sich diese – aus den verschiedensten Gründen – als nicht genehm erweisen.

Im Gegensatz zu den Mitarbeitern erfreut sich die Institutsleitung der Unkündbarkeit in Form des lebenslangen Beamten-Status. Dieser gravierende Unterschied in der beruflichen Sicherheit kennzeichnet die Ungleichheit in den Hochschulen. Sie ist ein wichtiger Bestandteil der allgemeinen gesellschaftlichen Ungleichheit, die sich vor allem in den skandalösen Unterschieden von Einkommen und Besitz widerspiegeln.»

Eine der Fünf, wer davon, lässt sich im Nachhinein nicht feststellen, fragt: „Genia, du frierst?"

„Ihr Lieben, ja ich friere. In Moskau war es wärmer als hier."

Sonja erinnert daran, dass Freiburg als einer der wärmsten Orte in Deutschland gilt. Sie wundere sich folglich, dass jetzt der April mit einem Wintereinbruch zurückkommt. Die Temperatur bewegt sich tatsächlich um den Nullpunkt, Schnee ist auf das schon entfaltete Blattwerk gefallen und geschmolzen, denn es hat noch etwas von der Wärme gespeichert, die vor einigen Tagen mit achtundzwanzig Grad Lufttemperatur Freiburg mitsamt Umland einen neuen Temperatur-Rekord beschert hatte. Der Wechsel von Warm auf Kalt und umgekehrt sei aber nichts Ungewöhnliches und habe nichts mit der Änderung des globalen Klimas zu tun, behauptet sie. Beweisen könne sie das nicht. Aber zumindest in Erinnerung bringen, dass den April eine große Variabilität des Wettergeschehens charakterisiere. Diese sei in den vergangenen zehn Jahren, so der meteorologische Dienst, abgelöst worden durch einen beständig warmen und trockenen April. Der augenblickliche rasche Umschlag der Temperatur wäre dann eher eine, wenn auch möglicherweise nur vorübergehende Rückkehr zu den früheren Verhältnissen, als von Klimaänderung keine Rede war.

Genia: „Aber ich friere auch aus einem anderen Grund, und der hat nichts mit der aktuellen Temperatur zu tun. Ich möchte das jetzt nicht weiter thematisieren. Wir werden sicher später darauf zurückkommen."

Una torta di pane. Tosca hat einen Kuchen mitgebracht, „selbstgebacken", verkündet sie stolz. *Una* *torta di pane.* Der sei aufwendig in der Herstellung, habe an Zubereitung eine Stunde in Anspruch genommen. Man nickt anerkennend. Sonja stellt eine Kanne Tee auf den Tisch: „*Darjeeling, first flush*, für euch doch nur das beste. Ha-ha-ha."

„Per Flugzeug eingereist?"

„Wir sind doch hier nicht bei den Grünen, Berel. Wenn per Schiff, würde er unterwegs sein Aroma verlieren. Aber einverstanden, es ist ein Dilemma", erwidert Sonja.

„Davon werden wir heute noch einige weitere entdecken", ergänzt Venja.

„Ich habe übrigens wieder einen Freund. Finde ihn irgendwie süß", sagt Berel.

„Herzlichen Glückwunsch", schallt es von allen Seiten. Man hatte sich vor Jahren darauf verständigt, die jeweiligen Liebesverhältnisse, sowie die damit einhergehenden Höhen und Tiefen der Gefühle, nur im Ausnahmefall zur Sprache zu bringen. Dieser Fall trete ein, wenn sich das Paar unter Umständen getrennt habe, die emotionale Zuwendung seitens der Freundinnen benötige. Dieser Fall liegt bei Berel offensichtlich nicht vor. Im Gegenteil, sie spricht mit beneidenswert heiterer Gelassenheit.

Sie sitzen um Sonjas runden Tisch, gefertigt von einem ihrer früheren Freunde. Für zeitgemäße Stühle hatte das Geld nicht mehr gereicht. So fiel die Wahl auf gebrauchtes Gestühl von anno dazumal. Dieses hat den Nachteil, dass bei dessen Fertigung mehr auf Stil als auf Bequemlichkeit geachtet wur-

de. Dagegen sind die einfachen Campingstühle, die sich zunehmender Beliebtheit erfreuen und nahezu überall die schicken Designerstühle ersetzt haben, von geradezu unschlagbarer Bequemlichkeit.

Sie sehen erwartungsvoll auf Toscas Hände, die den Kuchen recht gleichmäßig in fünf Stücke teilen. Sie schweigen und genießen. Dann Venja: „Dein Kuchen ist fabelhaft, Tosca. Wer hat dir das beigebracht?"

„Meine Mutter. Der Kuchen braucht viel Übung. Einfach nach Rezept wird auf Anhieb nicht gelingen."

„Was machst du Berel? Schaut, was Berel diesmal aufs Papier gebracht hat." Sonja zeigt auf ein großes Papier mit viel Farbe und merkwürdigen Umrissen.

Berel hat beim Kuchenessen in Windeseile fünf Gestalten gezeichnet und koloriert.

„Berel hat uns an Sonjas Tisch gesetzt", rufen sie, „um den Tisch herum, die Ärmchen, mein Gott, wie dünn, herrlich, die Haare getürmt, die Zöpfe versteift und in die Luft gestreckt, die Kerzen, wie süß, Berel, wir wiederholen uns, aber es ist was dran – wenn das mit der Wissenschaft nichts wird, wirst du Computer-Graphikerin und in der Szene eine Berühmtheit werden!"

Sonja: „Auf dem Tisch erkenne ich die Umrisse von Europa und Afrika, doch, man muss nur genau hinschauen, Berel wie hast du das so schnell und so komisch hinbekommen!"

Berel, auch diesmal unbeeindruckt von den Lobgesängen, deutet auf Genia. „Ich glaube, wir müssen uns um Genia kümmern."

Der Aufruf. Sonja: „Genia, sagst du uns jetzt, was mit dir ist? Es ist doch mehr als nur das Frieren."

Genia: „Ich friere angesichts des unermesslichen Leids, das die russischen Soldaten über der Ukraine ausbreiten. Und umgekehrt, wie es den einfachen russischen Soldaten ergeht, die rücksichtslos, wie auch schon im zweiten Weltkrieg, aufs Schlachtfeld getrieben werden. Und noch um vieles mehr friert es mich, wenn ich mir die Bilder aus Gaza vergegenwärtige."

Tosca: „Venja, du warst in Israel. Gibt es Neues zu den Geiseln?

Venja: „Nein. Die Angehörigen fordern nahezu jeden Tag von der Regierung, alles daran zu setzen, die Geiseln zurück zu holen. Durch Verhandlungen, durch was auch immer. Sie haben damit keinen Erfolg."

Sonja. „Ich habe einen Aufruf verfasst. Hier ist er – *Bevölkerung von Gaza! Gebt die Geiseln frei! Lasst sie gehen! Ihr Leid ist auch euer Leid! Vergrößert es nicht, verringert es. Helft, sie zu finden und zu befreien. Wir helfen euch, dass der Krieg ein Ende findet, dass euer Leid ein Ende hat! Wir bitten euch!"*

Berel: „Wo soll der hingehen? An eine der Hilfsorganisationen, die ihn per Flugblatt verteilt?"

Tosca: „Ich finde ihn gut. Er soll zeigen, dass wir für alle, die Gewalt erfahren haben oder ihr weiterhin ausgesetzt sind, Israelis und Palästinenser, dass wir für diese größtes Mitgefühl haben."

Venja: „Dem kann ich zustimmen. Es ist ein Aufruf, der auch an uns geht, der uns dazu verpflichtet, nicht einseitig zu werden, beiden Seiten gerecht zu werden."

Venjas Interpretation findet allgemeine Zustimmung. Auch wenn, sagen sie, das mit der Gerechtigkeit so eine Sache ist. Immer werden unsere Herzen eher den Schwächeren zufliegen, und die Frage von gerecht oder ungerecht dabei ins Hintertreffen geraten lassen. Ungeachtet dieser Einwände, befinden sie, eigne sich der Aufruf als eine Art moralischer Kompass, Orientierung für alles weitere, was da in diesem Zusammenhang noch kommen wird.

Die Tragödie. Berel: „Venja, ich möchte von dir wissen – wie reagiert Israels Bevölkerung auf die Gräuel in Gaza?"

Venja: „Größtenteils mit Zustimmung, getreu dem Motto: wie du mir so ich dir."

Berel: „Was die Anzahl der Toten und Verletzten betrifft, ist der Rache längst Genüge getan. Die riesige Zahl von toten und weitgehend unbeteiligten Palästinensern übersteigt eure Toten, sofern die Zahlen nur halbwegs stimmen, bereits um den Faktor fünfzig und mehr. Ganz zu schweigen von den Kindern, die ihr Leben lassen müssen. Es ist ein zum Himmel schreiendes Unrecht, was den armen, einfachen Menschen dort angetan wird. Sie verlieren alles, was ihr Leben ausmacht. Ihre Kinder, ihre Frau, ihren Mann, ihre Wohnung, ihre wenigen Gegenstände, die sie zum Leben brauchen."

Venja: „Man sagt, es befänden sich darunter so viele Terroristen, das würde die Zahlen in die Höhe treiben. Man sagt, die Terroristen würden sich unter der Bevölkerung verstecken. Man sagt, man habe Beweise dafür. Die Regierung sagt, alle ihre Anstrengungen seien darauf gerichtet, die Geiseln zu befreien. Sie sagt, ein Krieg sei eben so, man brauche sich nur an die Berge von Toten zu erinnern, die im Kampf gegen den Terror in Afghanistan oder Irak aufgehäuft wurden. Man verfolge die Terroristen, wenn Unschuldige dazwischen geraten, sei das zu bedauern, im übrigen eben nicht zu vermeiden."

Tosca, erregt: „Das ist der Zynismus des Stärkeren, der machen kann was er will. Der aufgrund seines militärischen Potentials und seiner treuen Verbündeten diesseits und jenseits des Atlantiks als unangreifbar gilt. Angesichts der fürchterlichen Verwüstungen, viele sprechen von Völkermord, mindestens aber Verbrechen gegen die Menschlichkeit, traut sich, Sonja, eure Regierung in Deutschland nicht, die Dinge beim Namen zu nennen."

Sonja: „Haben wir zu Gaza nicht alles schon beim vorigen Treffen gesagt?"

Tosca: „Sonja, wie kannst du das nur sagen? Die Lage hat sich dramatisch verschlechtert. Wir können jetzt nicht so tun, als würde uns das nicht mehr betreffen. Weil wir alles gesagt haben."

Genia: „Tosca, du warst noch nicht fertig. Lass es uns hören."

Tosca: „Danke, Genia. Eure Außenministerin, die tut mir inzwischen leid. Im Tonfall und Wortwahl wiederholt sie, ein ums andere Mal, was, so meine Vermutung, ihr Kanzler und Berater aufgetragen haben: Israel habe das Recht auf Selbstverteidigung. Beklagt ein ums andere Mal die fürchterlichen Gräuel der Terroristen, vermeidet jedoch, in gleichem Atemzug die Massaker der Israelis zu erwähnen. Geschweige denn zu verurteilen! Verteidigen kann man sich nur gegen Angreifer. Aber gibt es denn davon überhaupt noch welche? Warum um alles dieser Welt müssen so viele Unschuldige daran glauben?"

Berel: „Ich schäme mich. Deutschlands Haltung ist gekennzeichnet von Opportunismus, wenn es um Israel geht. Deutschland hat sich zu seinen Verbrechen gegenüber Israel bekannt. Wiedergutmachen lassen sie sich nicht. Auch nicht mit der Zusicherung, die gebetsmühlenartig wiederholt wird – komme was wolle, wir halten unverbrüchlich zu euch. Das ist Selbstaufgabe, pure Ergebenheit. Es ist unwürdig."

„Dem kann ich zustimmen", sagt Venja.

Berel zitiert das deutsche Fernsehen: „Da habe ich doch neulich nicht meinen Augen trauen können. Es gab Bilder – ich frage mich, wie sie die Zensur haben passieren können – in denen israelische Soldaten, vermummt, behelmt, bekleidet mit kugelsicherem Material und bestückt mit Kriegsgerät der unterschiedlichsten Art, in Gelächter ausbrechen, ob der vermeintlichen Ungeschicklichkeit des Feindes, der folglich von eben diesen Soldaten ohne größere Anstrengung *neutralisiert* werden konnte. Das wurde nicht bei Al Jazeera, sondern im Deutschen Fernsehen gezeigt."

Venja: „Die Folgen dieses Krieges, des Krieges in Gaza, das muss ich als Jüdin sagen, werden fürchterlich sein, alles in den Schatten stellen, was es bisher an palästinensischen oder arabischen Terror gegeben hat. Ich habe Videos aus den besetzten Gebieten gesehen, junge Palästinenser mit Gewehren in der Hand, deren einzige Zukunft darin besteht, irgendwann das erlittene Leid zu rächen. In diesen Kerlen lodert angesichts des Leids ihrer Familien, des mutwillig zerstörten kleinen Besitzes, der *versehentlich* getöteten Eltern und Geschwister, der aufgebrochenen Straßen und dem ruinierten Land, zerquetschen Feldfrüchten – nichts anderes als Rache, Rache und nochmals Rache."

Venja hält inne, fährt sich durch die Haare, blickt in die Runde und ergänzt:

„Das alles tut mir so unendlich leid. Um mich zu trösten, habe ich das kleine Buch von Natalia Ginzburg zur Hand genommen, das im Deutschen unter dem Titel *Das imaginäre Leben* erschienen ist. Ihr habt es auch gelesen. Natalia Ginzburg aus Italien war eine kluge und couragierte Frau, ihr Vater war Jude. Ihr Mann, ebenfalls Jude, wurde von den Faschisten umgebracht. Ob von den italienischen oder deutschen? Das weiß ich nicht. In diesem kleinen Buch gibt es den Aufsatz *Die Juden.* Seid ihr einverstanden, wenn ich daraus etwas lese?"

Große Zustimmung.

Natalias Bekenntnis. Venja rückt die Stehlampe zu sich heran und liest:

„Von den Guerillakämpfern wissen wir sehr wenig, aber wir wissen„ dass sie bereit sind, ihr eigenes Leben wie auch das der anderen ...wegzuwerfen

...Es ist unmöglich, sie zu bitten, Unschuldige zu schonen. Es kommt uns so vor, als gebe es an den unmenschlichen und verzweifelten Orten, an denen sie wohnen, keine Unschuldigen mehr, weil die Welt nicht mehr die Farben der Schuld und der Unschuld hat ... darin gibt es nur den Tod, und ein Leben, das man mit einer raschen Handbewegung wegwirft ... da man es nicht besser findet als den Tod.

Soweit zu den Terroristen oder wie Natalia sie nennt, die Guerillakämpfer. Und jetzt zum Juden.

Manchmal habe ich gedacht, die Juden Israels hätten Rechte und Vorrang vor anderen, da sie die Vernichtung überlebt hatten. Diejenigen, die die Last der Schrecken am eigenen Leib erfahren haben, haben nicht das Recht, ihresgleichen mit Geld oder Waffen zu unterdrücken ... In Bezug auf die Juden Israels geht es mir so. Wenn jemand etwas gegen sie sagt, empfinde ich ein Gefühl von Auflehnung und Beleidigung. Äußert sich aber jemand voll Bewunderung und Ergebenheit, habe ich sofort den Eindruck, diese Empfindungen nicht zu teilen und auf der anderen Seite zu stehen ... Ich habe an einem gewissen Punkt, vielleicht spät, verstanden, dass die Araber arme Bauern und Hirten waren. Ich weiß sehr wenig von mir, aber ich weiß mit absoluter Gewissheit, dass ich nicht auf der Seite derer stehen will, die Waffen, Geld und Kultur benutzen, um Bauern und Hirten zu unterdrücken."

Venja lässt den Text wirken. Die Vier sehen sie erwartungsvoll an. Was wird sie jetzt sagen?

Venja: „Ich möchte euch sagen, dass es mir ähnlich ergeht wie Natalia. Und ich bin inzwischen zu der Überzeugung gelangt, das wir mit diesem Krieg nichts werden erreichen können, und dass wir aus dem Leid, das uns die Hamas angetan hat, nichts gelernt haben. Wir haben mit unseren Verhalten das Leid der anderen ins Unbeschreibliche gesteigert."

Die Freundinnen gehen zu Venja und küssen ihre Wangen, über die, nachdem sie ihre Verbundenheit mit Natalia eingestanden hat, Tränen, kleine dünnhäutige geschlossene Formen, mit Salz gefüllt, langsam herunterrollen. Auch den anderen ist zum Weinen zumute. Aber da sind der Kuchen, der gute Tee, die herzliche Freundschaft der Fünf, das gute Leben, an das sie glauben, all das siegt über die Trauer, die sich angesichts des bedrückenden Zustands der Welt auszubreiten droht.

Berel: „Auch auf die Gefahr hin, dass ich mich wiederhole, oder wir uns wiederholen, oder auch, dass wir das letzte Mal schon sehr viel dazu gesagt haben, darüber auch sehr traurig wurden – ich finde, es kann nicht oft genug gesagt werden: Die Ursachen des aktuellen Kriegs dürfen nicht auf den abscheulichen Angriff der Hamas reduziert werden. Genau das tut die jüdische Gemeinde in Deutschland, das tun deutsche Politiker und Journalisten. Wir wissen aber, dass diese Tat eine lange, blutige, komplizierte Geschichte hat, zu der in beträchtlichem Umfang auch Israel und der Westen beigetragen haben. Die Lage ist also nicht einfach, sondern komplex. Die

Lösung wäre dagegen einfach, und nicht komplex: lasst Palästinenser und Juden zu gleichen Rechten, Chancen und Pflichten in einem einzigen Land leben!"

Venja: „Das ist der Wunsch der Besonnenen, vom Humanismus geleiteten. Das Zusammenleben, sollte es denn je stattfinden, würde aber nicht funktionieren. Weil die von Rache und Hass Getriebenen mit Waffen ausgestattet sind und diese solange gebrauchen werden, bis sie ihre Ziele erreicht haben – das gesamte Land zum eigenen Besitz zu erklären."

No other Land. Der Protokollant empfindet den nicht aufschiebbaren Wunsch, sich einzubringen.

«Die Lage ist ernst, sehr ernst. Aber es gibt einen Schimmer von Licht am Horizont: die Freundschaft von zwei jungen Männern, der eine aus Israel, der andere aus Palästina. Sie machten den Film *No other Land*. Er wurde dieses Jahr auf der Berlinale preisgekrönt. Der Film thematisiert die Landnahme jüdischer Siedler im Westjordanland. Ich war erschüttert über das Ausmaß an Leid, das den Palästinensern dort zugefügt wird. Ihr Leben lang werden sie diese Verwundungen plagen. Einspruch kam erwartungsgemäß von der israelischen Botschaft und der jüdischen Gemeinschaft. Presse und Politik schwangen die Antisemitismus-Keule.
Entschuldigungen kamen auch von der Kulturministerin. Sie wollte ihren leichtfertig gegebenen Beifall nur für den jüdischen Regisseur aufrecht erhalten. Welche Blamage für diese Frau.»

Berel: „Wir Fünf sind ratlos. Hilflos. Wir können die Kriege nicht beenden. Venja, bitte finde ein Wort, einen Satz, mehrere Sätze, einen Absatz, um dieses Kapitel zu schließen."

Venja überlegt, weiß, dass da eine ziemlich große Verantwortung auf ihr liegt. Wie kann sie eine Situation, die sich weiterentwickelt, deren Ende nicht absehbar ist, schon gar nicht die Folgen, die darin angelegt sind, mit einem Haufen Wörter, hier in Sonjas Wohnung, zum Abschluss bringen? Setz ihn auf die Weltbühne, sagt sie sich, nimm diesem Krieg seine Besonderheit, reihe ihn in die Liste ähnlicher Grausamkeiten, auch wenn jede für sich ihre eigene Unmenschlichkeit verkörpert.

Das Gute und das Böse. Venja: „$A\rho\mu\alpha\gamma\epsilon\delta\omega\nu$ – Armageddon, die Schlacht, die über den Sieg des Guten über das Böse entscheidet. Das Wort wurde den amerikanischen Präsidenten zugeflüstert, und diese haben es dann öffentlich gemacht; erst Reagan, dann Bush und jetzt offenbar auch Biden; die drohende Apokalypse, die alles verändernde Entscheidungsschlacht: diese Aura umgab die Kriege in Vietnam, im Irak, in Afghanistan, und umhüllt den Krieg in Gaza und sehr bald wohl auch im Libanon."

Zukunft der Erde. „Sprechen wir über die Zukunft", sagt Genia. Ihr geht es darum, den Krieg mit der Ukraine herauszuhalten, weil alles was damit zusammenhängt, festgefahren zu sein scheint, keine der vier Seiten, Russland, Ukraine, Europa und USA, nachgeben will, die Dirigenten der Kriegsparteien die Macht umklammern, die sie gegenwärtig innehaben, und die, wie sie sehr wohl ahnen, schon bald genommen werden kann, sollte es eine friedliche Einigung geben. Alles dreht sich um Waffen, mehr Waffen, schwere Waffen, selbstständige Waffen, Genia wird schwindelig, wenn sie an Waffen denkt, die über die Freiheit eigener Entscheidung verfügen (obgleich dies bis heute von den Militärs bestritten wird) und somit die Soldaten, unter Einsatz ihres Lebens, zu deren Erfüllungsgehilfen macht.

„Wessen Zukunft?", fragt Sonja.

„Unsere Zukunft. Die Zukunft der Erde und der Menschen. Die durch das sich ändernde Klima beeinflusst wird", erwidert Genia. „Wie ihr wisst, gibt es eine Unmenge Artikel, auf wissenschaftlicher und journalistischer Basis, die sich der Sache angenommen haben, ergänzt durch eine fast ebenso große Menge an Büchern. Eins der Bücher, schon vor zwölf Jahren erschienen, versucht die Zukunft mit Kurven und Zahlen auszulegen. Es ist von Jorgen Randers, der 1972 an den *Limits of Growth* des *Club of Rome* mitgeschrieben hat. Es nennt sich schlicht *2052*. Ein anderes ist von Jeremy Rifkin: *The age of resilience.* Da geht es vor allem um die Änderung des Verhaltens und Wirtschaftens, angesichts der drohenden Klima-Katastrophe."

Berel: „In dieser Stelle würde ich gern unterbrechen. Darf ich? ich habe *2052* gelesen. Auch die *Li-*

mits of Growth, die damals viel Aufsehen erregt haben und viel Kritik aushalten mussten. Aber heute weitgehend in Vergessen geraten sind. Die Grenzen des Wachstums waren der wohl erste Versuch, Vorhersagen mit Hilfe der computerbasierten Simulations-Technik zu machen. Und vermutlich auch das erste Buch, in dem auf die Gefahren verwiesen wurde, welche die maßlose Ausbeutung der Natur zur Folge hat. Und damit Wirkung erzeugt hat."

Berel durchdenkt die Angelegenheit noch einmal. Dabei hatte sie das schon vorab gleich mehrmals getan. Klimaänderung war in den sechziger und siebziger Jahren noch nicht das Thema. Eher das Ende der materiellen Ressourcen. Man hatte die Modelle kritisiert, auf denen die Prognosen basierten. Waren sie nicht viel zu einfach? Die Annahmen weitgehend unbegründet? Auch das neue Buch kann diese Schwachstellen nicht wirklich beseitigen, findet sie. Randers besorgt sich eine Menge Daten, und füttert damit einfache Ursache-Wirkung-Gleichungen. Auf diese Weise erhält er zahlreiche Kurven, so auch die Projektion der globalen Nahrungsmittel-Produktion bis ins Jahr 2050. Niemand kann sagen, ob diese zutrifft. Alles hängt ab von den Modellen, aus denen die zeitliche Entwicklung von Bevölkerung, Güter- und Energieproduktion, Energie-Verbrauch, Konsumverhalten, ökologischer Fußabdruck, und was nicht sonst noch alles, errechnet wird.

Berel: „Die Modelle, die den Prognosen zugrunde liegen, werden auch in *2052* nicht oder nur unzureichend vorgestellt."

Sonja: „Also auch ich würde auf Randers Kurven im neuen Buch nicht sehr viel geben. Besser finde ich die eingestreuten Schnipsel Text, bei Randers heißen sie *glimpses*. Darin werden die Standard-Probleme von heute, wie Wachstum, Konsum, Geldwirtschaft, Ungleichheit etc. aus verschiedener Perspektive diskutiert. Diese finde ich durchwegs interessant. Sie lohnen das Lesen. Sogar über das Ende des Kapitalismus, im Sinn der ihm innewohnenden rastlosen Vermehrung des Geldes und der Produkte, wird debattiert."

Venja: „Das Ende des Kapitalismus? Haben wir darüber nicht auch schon das letzte Mal gesprochen? Aber richtig, man kann nicht oft genug darüber reden. Angenommen, es gäbe eine gute Theorie, die eine Wirtschaft erfindet, in der Gleichheit, Gerechtigkeit und Wohlergehen herrschen, was dann? Man würde sie verwerfen, man würde sagen, das kann nicht funktionieren. Man würde alle möglichen Hindernisse entdecken, die einer anderen Wirtschaftsweise entgegenstehen. Man würde sagen: Die ganze Welt produziert und lebt kapitalistisch, von klein bis groß. Deshalb lebt sie in Wohlstand. Selbst dem armen Teil der Welt geht es inzwischen besser. Und fast alle würden zustimmen."

Genia: „Dann versuche ich es mit dem Buch von Rifkin, es ist 2022 erschienen und eines aus der stetig wachsenden Bibliothek der friedlichen Systemveränderer; die Autoren würden sich wohl eher als

Systemerneuerer verstehen. Rifkin schreibt schrecklich umständlich, auch kompliziert und spickt seinen Text mit hunderten von Verweisen, die am Ende des Buchs zu dreißig Seiten der *notes* anschwellen. Er nennt die hundert zurückliegenden Jahre das Zeitalter des Fortschritts. Es ist zugleich das Zeitalter des Wachstums. Wachstum von Wirtschaft und Technologie, globalisiertem Handel, exponentieller Steigerung des Konsums und Zunahme des allgemeinen Wohlstandes. Optimierung und Effizienz regieren die Wirtschaft, Zuwachs an Einkommen und Besitz, sei es Land, Haus, Aktien oder Auto das Verhalten der Gesellschaften.Deren Zahl weiterhin zunehmen wird."

Venja: „Lass mich bitte fortfahren, mir brennt's im Herzen. Ja?"

Genia, etwas pikiert, denn gern hätte sie weiter machen wollen: „Wenn's denn sein muss."

Venja: „In den nächsten hundert Jahren, sagt Rifkin, geht es darum, der zunehmenden Bedrohung durch das sich ändernde Klima zu widerstehen. Er nennt das Resilienz. Das Wort ist nicht neu, andere, darunter sogar der deutsche Bundeskanzler, haben es seit geraumer Zeit in ihren Wortschatz aufgenommen. Widerstandsfähigkeit, alias Resilienz, so Rifkin, kann sich aber nur dann erfolgreich entfalten, wenn sich die wirtschaftlichen und gesellschaftlichen Verhältnisse ändern. Rifkin spricht gar von einer Revolution – die Menschen reduzieren ihren Konsum, entsagen dem Kauf umweltschädlicher Produkte, demokratisieren die Demokratie über Bürgerräte und ähnliches und sorgen dafür, dass Wirtschaftssystem und Infrastruktur umgebaut werden. Weniger ökonomisches, mehr ökologisches Wachstum, mit dem Ziel Luft, Wasser, Boden, Pflanzen und Tiere zu erhalten, damit wir alle, auch die Menschen in Indien und Afrika, unter geänderten Klimabedingungen am Leben bleiben."

Sonja: „Apropos Resilienz – mein Vater sprach von Abhärtung. Abgehärtet sein galt Vätern und Großvätern als Tugend, die Jungen erlernen mussten, wenn sie es nicht von Natur aus waren. Abhärtung umfasste den gesamten Menschen, das Körperliche und das Psychische. Mein Bruder hatte das Pech, in diesem Sinn nicht abgehärtet zu sein und auch nicht gelernt hat, es zu werden, was ihm heftige Schelte des Vaters eingebracht hat. Dem mangelte es allerdings selbst an Abhärtung..."

Berel: „Ein schreckliches, ein deutsches Wort. Hart sollte der Junge sein, hart wie Kruppstahl..."

Genia: „In der Tat. Doch zurück zur Ökonomie. Die Sache mit dem ökonomischen Nullwachstum ist ja fast schon ein alter Hut, gehört zum Standardrepertoire des intelligenteren Teils der Umweltschutz-Bewegung."

Sonja: „Aber nichts ist geschehen – im Gegenteil, auch die Grünen, die in Deutschland eher ins Lind-Grüne umgeschlagen sind, auch diese schauen gebannt auf die Wachstums-Prognosen, die Wirtschaftsinstitute und Wirtschaftsweisen verkünden.

Das Wohl und Wehe der (neo-) liberalen Demokratien ist auf den Fetisch Wachstum gegründet - man kann es nicht oft genug sagen!"

Berel: „Was die Grünen betrifft, ist zu bedenken, dass sie hier inzwischen Teil der Regierung sind, und es auch in Zukunft sein werden, dessen bin ich mir sicher. Die Regierung ist fest verankert im bewährten System des Privateigentums, der kapitalistischen Produktion und Konsumption. Als oberstes Ziel steht der materielle Gewinn. Das mag nicht das Ziel der Grünen sein, aber wenn sie mitmachen wollen, dann ist das eben auch ihr Ziel. Das Problem: Wie dann Klimaschutz mit Wachstum zusammenbringen. Irgendwie geht das nicht, jedenfalls nicht auf die herkömmliche Weise. Deshalb gibt es die Bücher von Rifkin und Konsorten."

„Die Liberalen sagen: beides muss wachsen, Ökologie und Ökonomie. Naturschutz ohne Wirtschafts-Wachstum geht nicht..."

„und die System-Kritiker behaupten: wenn Wirtschaft weiter wächst, kann das nur auf Kosten der Natur gehen. Das sei die Lehre, die aus der Klimaänderung gezogen werde müsse. Also runter mit dem ökonomischen, rauf mit dem ökologischen Wachstum!"

Unisono: „Und damit haben sie Recht!"

Wohin? Sonja: „In unseren Doktorarbeiten sind wir ja alle ganz dicht am Thema. Aber weder das Buch von Randers, noch das Oevre von Rifkin haben mich vom Hocker gerissen!"

Tosca: „Wir werden in unseren Arbeiten das Rad nicht neu erfinden. Wir zitieren die Veröffentlichungen, müssen aber darüber hinaus gehen. Wir präsentieren daten- und modellbasierte Analysen und werden daraus Folgerungen ableiten, die das bisher Gedachte und Getane im wahrsten Sinne des Wortes umwälzen!"

„Und dann Bestnoten für die Arbeiten erhalten..."

„und Angebote aus den USA bekommen...",

Berel: „die ich nicht annehmen würde. Ich wäre mit einem Angebot von der Universität *Uppsala* zufrieden...",

Venja: „und ich mit einem aus dem *Weizman-Institut*...",

Sonja: „und mir würde ein Ruf der *TU München* gefallen."

Tosca: „Ich liebe *La Sapienza Università* in Rom. Und du Genia?"

Genia schaut traurig. „Ich weiß nicht, Russland ist meine Heimat, aber es ist so ungewiss, wie es weitergeht in meinem Land – vielleicht ein Ruf aus *Oxford*?"

Tosca: „Wow. Aber warum gehen wir nicht alle zusammen nach *Oxford* oder *Cambridge* oder *Harvard*? Oder, weil die Stadt so aufregend sein soll, alle zusammen nach Berlin? Nicht nur Humboldt, sondern auch die nach ihm benannte Universität haben einen guten Ruf."

Alle lachen. Aber das ist keine wahre Heiterkeit.

Im Lachen versteckt sich die Sorge um ihre eigene berufliche Zukunft. Sie wissen, dass es schwierig werden wird mit der erhofften sicheren Stelle, die ihnen Möglichkeiten bietet, ihre Forschungsarbeiten fortzusetzen. Sie wissen, dass es dazu der Unterstützung mächtiger, einflussreicher Personen bedarf. Gleichwohl – sie sind sich einig: wenn es ihnen nicht gelingen sollte, eine gute Stelle im Hochschulbereich zu erobern, wenn ihnen die dafür unerlässliche Unterstützung durch wichtige Personen fehlen sollte, dann gibt es ja noch die Möglichkeit, ein eigenes Unternehmen zu eröffnen. Ein start-up, wie das heute heißt. Und jede der Fünf würde daran beteiligt sein.

Berel überlegt, ob es nicht doch noch einen anderen Weg gibt, wenn die Doktorarbeit erfolgreich beendet ist und die Suche nach der geeigneten Stelle beginnt. Fragt sich: Soll ich es wagen? Mal sehen wie sie reagieren:

„Da gibt es doch noch die Frauenquote. Darüber ist schon so manche Frau auf eine Professur gehievt worden. Obwohl dem Vernehmen nach die Bewerber besser qualifiziert waren als die Bewerberinnen. Warum nicht auch wir?"

„Himmel! Wollen wir das? Hoffen wir darauf, wenn auch nur klammheimlich und im Innersten? Berel, das hätte ich nicht von dir erwartet", schimpft Venja, aber man sieht ihr an, dass auch sie insgeheim schon mal mit der Frauenquote geliebäugelt hatte.

Da habe ich etwas losgetreten, sagt sich Berel und laut: „Ihr Lieben, ich bin auf eurer Seite. Wollte doch nur mal sehen, wie die Reaktion ausfällt."

Das lassen sich die anderen gefallen und schlagen vor, sich den kulinarischen Kostbarkeiten zuzuwenden.

Roggenbrot, Salat und Ziegenkäse. Genia: „ich würde gern ein weiteres Stückchen von deiner wunderbaren Torte nehmen. Darf ich, Tosca?"

Sonja: „Eigentlich wollte ich jetzt zum Abendessen einladen. Ich hab auch etwas gebacken, ein Roggenbrot!"

„Bravo! Dann nehmen wir den Kuchen als Nachtisch."

Venja: „Bevor wir uns dem Abendessen hingeben: Wie kriegst du das hin, Sonja, uns so ein aufgeräumtes und überdies reinliches Zimmer zu präsentieren?"

Sonja: „Es gab eine Menge zu ordnen. Das war schon längst überfällig. Es brauchte einen Anlass, und der wart ihr. Die Doktorarbeit beansprucht mich von Morgens bis Abends, und es gibt niemanden, der mir das Putzen abnehmen würde."

Tosca: „Könnten wir nicht jemanden gewinnen, der diese lästigen, aber notwendigen Arbeiten für uns alle erledigt? Also an einem Tag von Wohnung zu Wohnung geht, mit eigenem Putzgerät die Räume reinigt und den Inhalt ordnet, so dass uns am Abend, wenn wir die Tür öffnen, frischer Duft der Putzmittel-Industrie empfängt? "

Sonja: „Wenn es auch ohne diesen ginge, herzlich

gern! Aber können wir uns das leisten, mit unseren zweitausend Euro netto?"

Die Fünf sind der Ansicht, dass es Toscas Vorschlag verdiene, überdacht zu werden; vielleicht gäbe es sogar Mengenrabatt. Aber das heute zu entscheiden, wird für unangebracht gehalten. Folglich bleibe es vorerst dabei, dass jede ihre Putzarbeit selbst erledigen müsse. Dabei handele es sich um eine dieser lästigen Tätigkeiten, die für ebenso notwendig wie überflüssig erachtet werden.

Das Abendbrot besteht aus Sonjas selbstgebackenem Brot aus Roggen (das wegen des ausgeprägten Geschmacks dem neutralen Weizenkorn vorzuziehen ist) und einem mächtigen Berg aus Salat, dessen Inhalt hier der Vollständigkeit halber erwähnt sei. Es befinden sich in enger Nachbarschaft: Endivie, Chicorée, Radicchio, Batavia, Rucola, aromatisiert mit Basilikum, Dill, Estragon, Petersilie, besprenkelt von Olivenöl und Zitronensaft und bestreut mit etwas Salz und Pfeffer. Dazu gibt es Ziegenkäse.

Berel: „Woher kommt der Ziegenkäse?"

Sonja: „Aus dem Piemont. Ein Geschenk. Kommt von Tosca."

Tosca: „Ja, der ist von mir. Der Hintergrund davon ist interessant. Auf den kargen Wiesen der südlichen Ausläufer der Alpen gibt es hier und da noch so etwas wie Almwirtschaft. Nicht zu vergleichen zur industriell ausgebauten Milchwirtschaft in der Schweiz. In Italien sind das Familienbetriebe, die mit den Produkten ihrer Tiere Geld verdienen.

80

Wenig Geld, angesichts der Mühe, die diese Schufterei mit sich bringt. Sie treiben ihre Tiere auf die Hochalmen, so zwischen fünfzehnhundert und zweitausendzweihundert Meter. Dort grasen sie. Sie leben von Gras und Kräutern, die würziger und ursprünglicher sein sollen als im Tiefland. Bestätigen kann ich das nicht, aber vorstellen sehr wohl. Hartgesottene und bergerprobte Leute sind das, die mit Hilfe ihrer Hunde Sorge tragen, dass die Kühe, Schafe und Ziegen den Wölfen nicht zum Opfer fallen – die es womöglich gar nicht gibt, aber aufgrund der Hetze, die gegen diese Tiere veranstaltet wird, zur eingebildeten Bedrohung geworden sind. Aus der Milch wird Käse zubereitet. Das geht solange gut, bis der alte Vater nicht mehr kann und die Jungen der Plackerei auf den abseits gelegenen, extrem steilen Hängen der südlichen Alpen den Rücken kehren und dafür die gutbezahlte Arbeit in der Schweiz vorziehen."

Venja: „Hast du nicht etwas zu trinken? Vielleicht Wasser?"

Sonja: „Entschuldigt, natürlich habe ich. Ich geh was holen."

Sonja öffnet eine Tür zu einem kleinem, in die Wand gebauten Schrank. Dort befindet sich ein Teil ihrer Lebensmittel, solange die Außentemperatur das erlaubt.

„Ich habe eine Flasche Wein besorgt, weißen aus dem Weinberg ein paar Kilometer von hier, er soll ohne die scheußlichen Gase aufgewachsen sein, die herkömmliche Winzer zwei- oder dreimal im Jahr versprühen, um die Schädlinge fernzuhalten."

Tosca: „Interessant, das Gleiche spielt sich bei uns in der Toscana ab. Die Leute versprühen Gift in Massen und haben noch nicht mal eine Maske im Gesicht. Könnte zu geringerer Lebenserwartung beitragen."

„Die durch eine Menge anderer, zum Teil auch unbekannter Faktoren beeinflusst wird", ergänzt Sonja.

Berel: „O bitte, nicht das jetzt."

Tosca: „Was meinst du?"

Berel: „Die Faktoren, die eine Minderung der Lebenserwartung nach sich ziehen."

Tosca: „Ist aber ein interessantes Thema. Die Apothekerzeitschriften bestehen überwiegend aus Berichten dieser Art."

Sonja: „Und nicht nur diese. . . "

Berel: „Ich bitte euch nochmals inständig, lasst es um Himmels willen damit bewenden und den Wein, der – dem Gesundheitsminister sei es gedankt – seit kurzen auch auf der Liste der Lebensverkürzer steht."

Tosca: „Lass mich ihn probieren, ich verstehe was vom Wein."

Der Test verläuft positiv, der Wein ist trinkbar, wenn auch nicht erste Klasse. Aber halt. Für Frauen, die eine Doktorarbeit schreiben, dafür sollte ein durchschnittlicher, aber biologisch gebauter Wein, doch wohl ausreichen! Die teuren für die Besserverdienenden, damit die Unterschiede erhalten bleiben.

Wassermangel. Genia greift nach dem Glas und der Wasserflasche. „Willst du den Wein verdünnen?" fragt Sonja, „das wirst du ihm doch wohl nicht antun."

„Ihm oder dir?", kommt es zurück. Beim Einfüllen gehen einige Tropfen daneben.

Sonja: „Genia, du Verschwenderin. Hast du vergessen, wie wertvoll jeder noch so kleine Tropfen Wasser ist?"

Genia. „Oh Sonja! Bist du meine Mutter?"

Sonja: „Wäre ich gerne gewesen."

Genia: „Das mit der Verschwendung hängt von den Umständen ab. Es gibt Wasser im Überfluss, wenn Regen sintflutartig niedergeht. Und es gibt Wasser im Mangel, wenn er ausbleibt."

Venja schaltet sich ein. „Apropos Mangel – da ist mir neulich was zu Ohren gekommen. Es geht um Verschwendung. Euch bekannt ist der immense Einsatz von Wasser in der Landwirtschaft. Das geht bekanntlich so weit, dass in Spanien und anderswo die Leute nach Wasser am Zapfhahn der Wassertransporter Schlange stehen. In Mallorca und anderen Zentren des überbordenden Tourismus diskutiert man dessen Einschränkung, weil andernfalls die einheimische Bevölkerung statt des üblichen Duschbades sich mit einer morgendlichen Katzenwäsche zufrieden geben müssen.

Was weniger bekannt sein dürfte, ist der immense Wasserbedarf der Halbleiter-Industrie. Da braucht es extra reines Wasser. Intel hat ihr bis heute wohl größtes Werk in der Wüste von Arizona gebaut, die doch eher als Kulisse für Western-Schnulzen dient. Der Grund: Arizona verfüge über ein Heer gut ausgebildeter Fachleute, dort könne Intel den dringend benötigten Nachwuchs erwerben. Seine Chips lässt er im Wasser baden, das dem Colorado River abgezapft wird. Für die Bevölkerung bleibt vom kostbaren Nass dann nicht mehr viel übrig. Das hat Intel nicht weiter gekümmert. Denn Intel kann machen was es will. Ohne deren Chips würde nichts mehr gehen in der Welt von heute, vermutlich auch nicht in der Welt von morgen. Allerdings wird auch für Intel das Klima zunehmend rauer. Die Konkurrenz aus dem eigenen Land, noch mehr aber die aus Fernost, hat ihre dominierende Rolle längst streitig gemacht. Im übrigen ist dem Vernehmen nach Intel damit beschäftigt, das Chip-Wasser den Menschen – selbstverständlich rückstandsfrei – als Brauch- oder Trinkwasser zurückzugeben."

Berel: „Und in Afrika, so wird berichtet, seien ganze Gebiete mit den darin befindlichen Pflanzen, Tieren und Menschen dem Verdursten nahe oder bereits verdurstet..."

Venja: „In Griechenland fehle Wasser zum Löschen der Waldbrände, die durch den Wassermangel hervorgerufen werden...ein klassischer circulus vitiosus."

Tosca: „Es muss etwas geschehen; denn die Klimaerwärmung erzeugt veränderte Niederschlagsmuster. Einige Gebiete bekommen Regen im Überfluss, andere trocknen aus. Das trifft die (aus vielerlei anderen Gründen) ohnehin geplagten Ansässigen. Ich könnte mir vorstellen, dass Pipelines Wasser aus den Gebieten des Überflusses in die der Dürre leiten..."

Genia: „Denn umgekehrt verstärkt die Dürre die Klimaerwärmung. Das ist eines der gern diskutierten Feedbacks im komplizierten Klimasystem der Erde."

Tosca: „Wie das?"

Genia: „Je trockener der Boden, umso geringer die Verdunstung, umso schwächer auch die Wolkenbildung. Weniger Wolken verursachen einen Anstieg der Bodentemperatur, so dass weitere Bodenfeuchtigkeit verloren geht. Ist der Himmel dagegen bewölkt, verbleibt abhängig vom Wolkentyp, ein nicht unbeträchtlicher Teil der einfallenden solaren Strahlung in den Wolken, steht zur Erwärmung des Bodens also nicht zur Verfügung. So kann mehr Feuchtigkeit im Boden gehalten werden. Beim Klima ist eben alles ziemlich kompliziert. Es wird von einer Vielzahl von physikalischen Größen beeinflusst, die in verwickelter Weise miteinander wechselwirken."

Sonja: „Zurück zu Toscas Gedanken. Ich finde ihn interessant – der in Afrika gewonnene Sonnenstrom wird zur Produktion von Wasserstoff verwendet und in den Norden geschickt, während im Gegenzug das Wasser aus Skandinavien in den Süden geleitet wird."

„Es wäre faul, wenn es dort ankommt."

„Man würde die Leitung tief in die Erde legen, um die Temperatur konstant zu halten",

„oder auf dem Meeresgrund versenken, in freundlicher Nachbarschaft zu den Kabeln, die Nachrichten von hier nach dort transportieren – in der Hoffnung, dass sie von den ukrainischen Tauchern nicht gefunden werden."

„Der Transport-Technologie würde etwas einfallen, das frische Wasser zu konservieren und es über Meeresgrund sicher nach Afrika leiten."

Sonja fordert: „Wasser ist ein essentieller Bestandteil der Biosphäre. Deshalb hat ein weltweites Wassermanagement die allerhöchste Priorität. Tigris, Nil oder Jordan sind Flüsse, die durch mehrere, von Trockenheit gekennzeichnete Länder verlaufen. Deren Nutzung muss vom internationalen Gerichtshof durch Gesetz geregelt werden. Wasser darf nicht privatisiert oder durch übermäßige Nutzung eines Staates den anderen vorenthalten werden. Und wo das so ist, muss der Besitzer schleunigst enteignet werden. Wasser ist ein Gut der Allgemeinheit."

Das besondere Element. Der Protokollant hält es für unverzeihlich, wenn über Wasser debattiert wird, nicht auch die Besonderheiten dieser Substanz in Erinnerung zu bringen.

«Ein Sauerstoffatom und zwei Wasserstoffatome sind vermittels ihrer Elektronen eine geglückte, insbesondere auch stabile Verbindung eingegangen – man nennt sie Wasser. Das Alleinstellungsmerkmal des Wassers ist seine hohe Wärmekapazität und der Umstand, dass es im festen Zustand weniger dicht ist als im flüssigen. Eis schwimmt auf Wasser. Von alles überragender Bedeutung für die Erde ist jedoch der Wasserkreislauf. Wasser verdunstet zu Wasserdampf, der steigt auf, kondensiert in Form von Wolken und fällt als Niederschlag wieder zurück zur Erde, mitunter weit entfernt vom Ort der Verdunstung. Die Verwendbarkeit ist mannigfach: Wasser ist die Lebensgrundlage der gesamten Biosphäre, von Mensch, Tier und Pflanzen. Wasser bedeutet Energie. Der freie Fall von Wasser treibt die Turbinen im Kraftwerk, die daraus elektrische Energie machen. Und nicht zu vergessen: Wasser lädt ein zum Trinken, Waschen, Schwimmen, Rudern und vielen anderen Arten des Wassersports.»

Der Protokollant blättert in seiner Erinnerung, findet den nächsten Eintrag und fährt fort:

«Die Ozeane bestehen aus Wasser, salzigem Wasser; sie bedecken etwa 70% der Erdoberfläche. Auf dem Land kann Regen ausbleiben, dann versiegen die Quellen, und Dürre lässt Mensch und Tier verdursten; oder auch in Strömen vom Himmel fallen, dann ist Überschwemmung die Folge, Haus und Auto werden geflutet und Mensch und Tier ertrinken.

Ultrareines Wasser ist eine Spezialität. Dann ist Wasser von allem befreit, was nicht H_2O ist. Wie mir kürzlich berichtet wurde, ist solches Wasser für die Halbleiter-Industrie essentiell. In Arizona hat sich Intel etwas einfallen lassen. Und selbst wenn nur die Hälfte davon stimmen sollte, wäre es schlimm genug. Der Vorschlag der Fünf, Wasser gegen Energie zu tauschen, hat etwas Faszinierendes. Was für eine glückliche Welt würde entstehen, wenn die Länder, die zu viel von dem einen haben, denen, die davon zu wenig haben, den dringend benötigten Ausgleich brächten. Das gleiche gilt für den Besitz im allgemeinen. Es könnte erstrebenswert sein, Differenzen, welcher Art auch immer, auszugleichen, zumindest aber zu mildern. Das würde die Welt zwar langweiliger, aber freundlicher und friedlicher machen. In der Welt von heute geht es fast überall darum, Differenzen zu erzeugen oder zu vertiefen, sei es im Bereich des Aussehens, der Bekleidung, oder auf dem Gebiet von Macht und Einkommen, Stärke und Ansehen.... ich bin ins Moralisieren gekommen, und habe damit meine Kompetenzen weit überschritten. Ich bitte um Nachsicht.»

Sonjas sorgfältig hergerichtete Speisen finden viel Lob. Nach dem Essen ist es Berel, die ihren Fantasien freien Lauf lässt.

Populismus. „Ich habe ein fantastisches Szenario im Kopf. Hört! Kanzler Scholz kann nicht schlafen. Ihm gehen alle möglichen Gedanken durch den Kopf. Er ist stolz auf seinen Ausbruch, grad kürzlich im Parlament, als er anlässlich der Debatte über Flucht und Abschiebung der Opposition ordentlich eingeheizt hat. Die bevorstehenden Wahlen lassen ihm aber keine Ruhe. Irgendwie muss er doch diejenigen zurückgewinnen, die immer treu zur SPD gehalten haben und jetzt von den Rattenfängern auf der Rechten und der Linken abgeworben werden. Ich hab's, sagt er sich. Ich rede über Ungleichheit. Ich

werde verkünden, dass es die immensen Aktienge-
winne und vererbten großen Vermögen sind, welche
die Spaltung der Gesellschaft in arm und reich verursachen. Ich werde mit lauter Stimme sagen, so laut
wie mir eben möglich, dass den Reichen ihr Reich-
tum zugefallen ist, dass sie nie dafür wirklich haben
arbeiten müssen. Anders als ihr da unten, die ihr
euch abgerackert habt, um Miete, Telefon und Fernsehen zu bezahlen, ganz zu schweigen vom Auto,
und den Kindern eine Ausbildung zu ermöglichen.
Ich werde die Lautstärke weiter steigern, die Arme
von oben nach unten schlagen, als würde ich Holz
hacken (was ich glücklicherweise nie nötig hatte),
die Arme vor und zurück stoßen (was mir die Gym-
nastik am Abend erspart) und herausbrechen lassen,
dass diese Leute sich nur Sorgen machen um ihre Ak-
tienkurse und unlauteren Geschäfte, keine Ahnung
haben von den tagtäglichen Sorgen, die euch, ihr die
ihr seid unsere Rentner, Angestellten und Arbeiter,
die euch nicht schlafen lassen. Und dann, so laut es
eben geht (schon früh am Morgen Medikamente genommen, die für eine Kräftigung der Stimmbänder
sorgen sollen), stelle ich mich auf die Zehenspitzen
(kann ja nur helfen, ein bisschen größer zu sein, immer diese großen Kerle, Biden, Söder, Merz, muss
zu denen rauf sehen, obwohl ich doch lieber runter
sehe – das ist so schön mit Selensky, da begegnet
man sich auf Augenhöhe), brülle ins Publikum, ge-
rate ins Stakkato, dass es so nicht weitergehen kann,
dass die Unterschiede zwischen Vorständen und Ar-

beiterinnen im Verhältnis von 1000:1 sich entwickelt haben, und ich dafür sorgen werde, dass sie auf 100:1 heruntergebrochen werden. Und dann werde ich, das erste Mal in meinem Leben, die Faust ballen und sie in die Höhe recken, in der Hoffnung, dass die Fäuste des Publikums es mir nachmachen.

Nun meine Frage: ist das Populismus, die der Kanzler da heraus schmettert?"

Zwischendurch musste Berel immer wieder einhalten, um das Kichern und Lachen der anderen gewähren zu lassen. Venja ist die Erste, die ihre Stimme wiederfindet.

„Berel, dein Szenario gefällt mir! Ich glaube, dass des Kanzlers Forderung nach Abschaffung der Ungleichheit tatsächlich nichts anderes als Populismus ist. Ungleichheit ist ein naturnaher Zustand. Alles was lebt, ist charakterisiert durch seine Verschiedenheit. Eine Gesellschaft, in der alle über gleich viel Vermögen verfügen, sei es Geld oder Besitz, Intelligenz oder Leistung, würde stagnieren, wäre nicht entwicklungsfähig. Sämtlicher Ehrgeiz käme zum Erliegen, denn da wäre kein Verlangen nach Aufstieg, das unseren Gesellschaften Farbe und Spannung verleiht."

Berel, enttäuscht: „Da hast du mich aber gründlich missverstanden."

Genia: „Ach Venja, du hast einiges durcheinander gebracht."

Venja: „Widerspruch! Berel war der Clown, und der Vortrag war, Entschuldigung, eine nicht sehr geglückte Clownerie."

Sonja: „Venja, benimm dich! Das ist nun wirklich ungerecht. Du hast doch auch gelacht, konntest vor lauter Lachen deine Tränen nicht zurückhalten."

Genia, genervt: „Also was ist dann Populismus?"

Seit geraumer Zeit ärgert Genia der inflationäre Gebrauch dieses Wortes. „Ich höre immer nur, dass diejenigen als Populisten bezeichnet werden, die einfache Lösungen für komplexe Probleme verkünden. Ehrlich gesagt, das ist blanker Unsinn. Erstens war die Wissenschaft immer glücklich, wenn es einfache Antworten gab. Newtons drei Gesetze umfassen in beispielloser Einfachheit die gesamte Mechanik, vorausgesetzt, der Gegenstand ist nicht zu klein (Quantenmechanik) oder zu groß (Astrophysik). Zweitens wird das Wort in beliebiger Weise eingesetzt, ohne sich dessen komplexen Inhalts bewusst zu sein. Also, ich bitte Euch! Seid mit dem Wort zurückhaltend."

Berel: „Der Vorwurf des Populismus wird gern angewendet in der Absicht, so sehe ich es, missliebige politische Konkurrenz herabzusetzen, bisweilen auch zu denunzieren. Wie erkennen wir den Populisten? Es ist derjenige, der andere als Populisten abstempelt."

Genia: „Populisten machen typischerweise die Ungleichheit in der Gesellschaft zum Thema. In der Absicht, damit bei dem ärmeren Teil der Bevölkerung anzukommen. Ohne das wirklich ändern zu wollen. Wohl auch dazu gar nicht in der Lage sind. Insoweit würde der Kanzler mit seiner imaginären Rede unter die Populisten fallen. Aber die Angelegenheit ist komplizierter."

Tosca: „Bevor ihr euch weiter mit einer schlüssigen Definition quält, seht doch ganz einfach nach in der Encyclopedia Britannica, da gibt es eine Unmenge an Definitionen, Herleitungen, Interpretationen. Die Soziologen und Politologen beißen sich die Zähne daran aus. Vereinfacht ausgedrückt: für die System-Kritiker sind Populisten nicht a priori schlecht, während die System-Befürworter Populisten als Verführer des Volkes, als Feinde der herrschenden Wirtschaftsordnung oder Spalter der Gesellschaft charakterisieren. "

Berel: „Unsere Zähnen daran ausbeißen wollen wir nicht. Dazu sind sie zu schön, oder? Bitte alle mal den Mund öffnen... wie ich mir dachte, mit dem Gebiss von Kamala Harris könnt ihr allemal mithalten."

Verführerin oder Kümmerin? Sonja: „Ehe wir hier weiter stochern, nehmen wir mal eine reale Person unter die Lupe. Aber nicht den Kanzler, der ist weniger geeignet, auch wenn sich Venja dazu diese schöne Parodie ausgedacht hat. Sehen wir uns Sarah Wagenknecht an. Sie repräsentiert eine der beiden Parteien in Deutschland, die der *demokratischen Mitte* echtes Kopfzerbrechen machen. Denn sie nimmt denen Stimmen weg. Flugs wird sie als Populistin beschimpft. Aber trifft die Charakterisierung ins Schwarze?"

Berel: „Die Wagenknecht ist ja nicht zu übersehen, schon wegen ihrer sorgfältig gewählten Aufmachung. Sie ist häufiger Gast in den Diskussionsrunden. Da hat sie es nicht leicht, denn rechts und links werden Leute postiert, die über sie herfallen, meist ohne größeren Erfolg. Denn sie steht wie der Fels in der Brandung. Die Frau ist eine glänzende Rednerin, wenn sie eine große Menge Leute vor sich hat, da hat sie sehr viel Zustimmung. Das ist ihre Welt. Sie redet ohne Manuskript. In den Diskussionen habe ich sie nicht immer überzeugend erlebt, da fehlt es ihr oft an Schlagfertigkeit und einer Portion Nonchalance. Sie nimmt alles sehr ernst, manchmal vielleicht zu ernst. Aber besser so als umgekehrt. Luftikusse gibt es genug. Meine Meinung: Sie hat kein Programm, sie braucht es nicht, denn sie selbst ist das Programm.

Venja: „Widerspruch. Sie hat ein Programm, auch wenn es nicht ausgearbeitet ist. Hätte sie keins, würde man sie ignorieren. Ihr Programm ist ihre Überzeugung. Es ist amüsant anzusehen, wie sich die Angreifer an ihr abarbeiten. Sie bleibt kontrolliert, egal wie heftig die Attacken ausfallen. Schon nach ihren ersten Bemerkungen steigt die Unruhe bei den Opponenten. Der Moderator, der eigentlich keiner ist, weil stets parteiisch, ich meine den *Lanz* , der wird zunehmend nervöser, rutscht wie ein ungezogener Bengel auf seinem Stuhl hin und her, rudert mit den Armen, den Zeigefinger ausgestreckt. Aus dem Moderator wird der Chefankläger, der auf Deubel Komm raus von ihr eine Erklärung oder doch zumindest ein Ja oder Nein herauspressen will – umsonst, sie versagt ihm wie auch den links und rechts Postierten das von ihr geforderte Bekenntnis."

Sonja: „Prüfen wir doch einmal Sarahs Versprechungen. Ich erwähne drei davon. Erstens. Sarah sagt, dass sie die Sorgen derer versteht, die im Niedriglohnsektor arbeiten. Sie will das ändern. Zweitens. Sarah will den weiterem Zustrom von Flüchtlingen eindämmen, spricht von Überforderung der Gesellschaft und will das Geld, das für diese aufgebracht wird, dem ärmeren Teil der Gesellschaft zu gute kommen lassen. Drittens. Sarah will der Ukraine keine Waffen geben und den Krieg lieber heute als morgen beenden. All das sei blanker Populismus, sagen die Antipopulisten aus der *demokratischen Mitte.* Soll heißen: Sie verkündet populäre Forderungen, die der Meinung der Herrschenden zuwiderlaufen und lässt im Ungewissen, wie sie diese realisieren will.

Einige aus der *demokratischen Mitte* geben sich mehr Mühe. Sie verweisen auf die Komplexität der Probleme und sagen, für diese würden ihre Lösungen, weil zu einfach oder verblendet, nicht passen. Gängiges Beispiel ist der Ukraine-Krieg. Der sei ein komplexes Geschehen, die Lösung, die Waffen niederzulegen, sei eine einfache Antwort, und folglich nicht zulässig. Außerdem würde sie damit nur Russland nützen. Deshalb sei Sarah eine Populistin, eine gefährliche zumal, da sie dem Volk den Kopf verdreht."

Genia: „Ich behaupte: Allerdings lebt die Politik vom Populismus. Nur mit einfachen Formeln lassen sich Wähler gewinnen. Zumindest große Zahlen davon, und um die geht es ja in der Politik. Das wissen sie alle, und darum ist es nicht falsch, sie alle, die große Reden halten, als Populisten zu bezeichnen. Wenn wir soweit übereinstimmen, bleibt doch lediglich zu entscheiden, wer von denen den besseren oder schlechteren Populismus macht."

Sonja: „Dazu fällt mir diese Lösung ein. Ist Sarah eine Frau, die darum ringt, die Nöte von Teilen der Bevölkerung zu lindern, dann ist ihr Anliegen glaubwürdig und eine Form von Populismus, der den Menschen nützt. Sollte sie dagegen ihre Ziele verkünden in der Absicht, damit Stimmen zu fangen, um sich Macht und Einfluss zu sichern, wäre es Populismus, der die Menschen hinters Licht führt, der ihnen schadet."

Venja: „Somit gibt es den guten und den schlechten Populismus?"

Sonja: „So könnte man vereinfachend sagen."

Venja: „Dann entscheidet also die Einstellung, die sich mit populistischen Forderungen und Versprechen verbindet, über dessen moralische Wertigkeit?"

Sonja: „Ja, so könnte man das sehen."

Venja, verblüfft: „Seht ihr anderen das auch so?"

Mehr oder weniger, sagen sie. Für Venja ist Populismus dagegen in keiner Form akzeptabel. Weshalb sie Netanjahu in aller Entschiedenheit ablehnt. Aber auch die anderen sind nicht zufrieden; eine wissenschaftliche Aufarbeitung des Begriffs wäre absolut notwendig, würde aber nicht jetzt zur Debatte stehen, entscheiden sie. Man müsste sich in die Arbeiten vertiefen, die dazu vorliegen, und die schon erwähnten Lexika zu Rate ziehen. Das stößt auf wenig Begeisterung. Sie müssten sich um ihre Arbeiten kümmern, die hätten absoluten Vorrang. Aber das mit der Wagenknecht, das bedürfe der Ergänzung, sagen sie. Es gehe ja auch um den Eindruck, den sie in ihren Reden, ihrem Gesichtsausdruck hinterlasse. Der sei eher positiv. Unser Gerechtigkeitssinn ist herausgefordert, betonen sie, wenn Sarah in bösartiger oder verzerrter Weise dargestellt wird. Sie bestätigen Berels Analyse: Wagenknecht braucht kein gedrucktes Programm. Noch nicht. Denn sie verkörpert es bereits, durch ihre Anwesenheit und Reden auf allen Kanälen.

Rentner und Rente. Berel: „Lasst uns schnell mal einen Blick auf die Renten werfen. Die gehören zu den brennenden Probleme in unseren Gesellschaften. Wagenknecht will die Renten der Armen erhöhen. Woher kommt das Geld?"

Sonja: „Von den gut Situierten. Ich glaube, sie will, dass alle in die Rentenversicherung einzahlen. Zwei Millionen Pensionäre würden aufbrechen und der Wagenknecht den Hals umdrehen. Manches in Deutschland ist machbar, aber dass aus Pensionären und Pensionärinnen ganz ordinäre Rentner und Rentnerinnen werden, das kann sich niemand vorstellen, und das wird auch nie passieren."

Tosca: „Ich würde alle in die Kasse einzahlen lassen, die sogenannte Bemessungsgrenze streichen und das Renteneintrittsalter anheben. Damit würde sich die Rentenkasse füllen. Wäre spannend, das mal ehrlich durchrechnen zu lassen. Eine Aufgabe für den Bund der Steuerzahler."

Berel: „Die Lebenserwartung steigt ständig, also sollte auch länger gearbeitet werden. Die Rentiers haben dann wieder Beschäftigung und müssen nicht schon am Morgen den Kasten anstellen."

Sonja: „Ich weiß von Leuten, die länger arbeiten wollen, aber nicht dürfen. Die Arbeitgeber wollen sie loswerden. Gerade im öffentlichen Dienst gibt es dazu zahlreiche Beispiele."

Berel: „Du vergisst die Ehrenamtlichen unter den Rentnern, die haben mit den Flüchtlingen alle Hände voll zu tun."

Sonja: „Ich bitte euch! Mein Mütterchen ist Rentnerin und liest von Morgens bis Abends in den Tagebüchern von Thomas Mann."

Tosca: „Für die dreißig Millionen der anderen, die nicht die Tagebücher lesen – auf diese Zahl dürfte in naher Zukunft das Heer der Rentenempfänger in Deutschland anwachsen – für diese habe ich eine Vision. An die Stelle der Ehrenamtlichen mit Helfersyndrom treten die Rentner-Kümmerer. Das sind umgeschulte Arbeitslose, die von der heftig wachsenden Künstlichen Intelligenz um ihre Stelle gebracht worden sind. Sie gehen in die Häuser der Rentner und Pensionäre, lösen mit denen Kreuzworträtsel, servieren gesundes Essen, absolvieren mit ihnen die tägliche Morgen- und Abendgymnastik, versorgen die, wo bettlägerig sind und deaktivieren, wo immer möglich, gegen 22 Uhr den Einschalter beim Fernsehen, um den Konsum von blutdrucksteigernden Horrorfilmen zu verhindern."

Venja: „Das würde auch die Pflegekassen entlasten. Pflege dort, wo die Leute wohnen. Man stirbt im eigenen Bett."

Tosca: „Wer finanziert die Kümmerer-Industrie?"

Genia: „Wer anders, als diejenigen, die zu hohe Einkommen, riesige Vermögen und ererbte Besitztümer haben. Abgekürzt: die Reichen."

„Bravo!"

„Wie würde man die Reichen identifizieren?"

„Als reich gilt, wenn der Besitz geldwerter Güter oberhalb eines noch zu ermittelnden Schwellenwertes liegt. Uns wird das mit Sicherheit nicht betreffen."

„Vielleicht doch, viel viel später?"

„Dann hätten wir uns, wie wir eben sind, längst davon getrennt."

Unsere Männer. Sonja: „Ich habe, bevor wir hier schließen, noch etwas ganz anderes. Ihr mögt es trivial finden, mich hat das Ganze belustigt. Deshalb will ich es euch nicht vorenthalten. Mein Freund hat sich neulich eingehend mit dem Foto beschäftigt, wo wir vor der Hütte stehen und unsere Kamera so platziert hatten, dass sie uns alle aufnimmt, einmal im ganzen und das andere Mal nur die Gesichter. Er hat Folgendes herausgefunden: dass wir uns verblüffend ähnlich sehen, zwar mit unterschiedlicher Haarfarbe, aber in Statur und Gesicht recht ähnlich. Einen bemerkenswerten Unterschied hat er aber erkannt: Genia hat braune Augen, Tosca grüne, Venja schwarze, ich blaue und Berel hellblaue.

Venja: „Das wissen wir doch! Aber grün, ist deine Regenbogenhaut wirklich grün, Tosca?"

Sonja holt ihre Taschenlampe, Tosca lehnt sich zurück, und die vier inspizieren nacheinander mit Hilfe der Taschenlampe die Farbe von Toscas Iris.

Sonja, etwas enttäuscht: „Na ja, so richtig grün nicht; natürlich kein Laubfrosch, aber auf jeden Fall eher grün als blau!"

Tosca: „Mein Freund sagt es mir jeden Tag: deine grüne Pigmentierung, die ist just einzigartig. Ihr wisst er ist Arzt, kein Augenarzt, eben nur Arzt."

Sonja: „Allgemeinmediziner nennt man das heutzutage."

Tosca: „Er sagt Arzt."

Berel: „Und dass wir uns angeblich so ähnlich sehen? Wo kommt das her? Sind wir alle womöglich von denselben Eltern, ohne es zu wissen?"

Genia: „Wie das? Dann hätten sie ihren Kindern jeweils eine andere Nationalität verpasst. Wäre der Stoff für einen großen Roman."

Berel: „Aber nun mal zurück zur Realität. Hört sich ja am Ende so an, als wären wir nicht unterscheidbar. Müssen wir wirklich auf die Suche nach

Unterschieden gehen? Erstens unterscheiden wir uns in der Auswahl unser Forschungsthemen. Zweitens ziehen wir uns anders an, drittens ist unsere Haarfarbe unterschiedlich, viertens, wie gerade angemerkt, die Farbe unserer Augen; und fünftens sind unsere Männer, sofern vorhanden, total andere Typen. Genug der Unterschiede?"

Venja: „Also, unsere Freunde sollten wir außen vor lassen. Dann würden wir uns auf ein sehr unübersichtliches Gebiet wagen."

Berel: „Wie das?"

Venja, etwas verlegen: „Nun ja, wie ihr wisst, hab ich zur Zeit keinen Mann an meiner Seite. Was auch mal gut tut. Wenn es auch nicht auf Dauer so bleiben soll. Schon deshalb macht es keinen Sinn, unsere Männer mit einzubeziehen. Wir sind zu fünft, und wenn wir uns treffen, finde ich, sollen es fünf bleiben. Männer können uns ergänzen, aber hier sind sie nicht vonnöten."

Sonja: „Ich stimme Venja zu. Ohne Wenn und Aber."

„Ich auch", sagt Tosca.

„Gleiches gilt für mich. Außerdem wüsste ich nichts dazu zu sagen, denn auch bei mir ist inzwischen Flaute", sagt Genia.

Berel, heiter: „Nun gut, also vier gegen eins. Ist doch schön, wenn auch ich mal aus der Reihe tanze."

Das nächste Mal. Bevor die Fünf wieder auseinandergehen, schmieden sie Pläne für das nächste

Mal. Ein Besuch in Israel wäre interessant, aber angesichts der Lage eher nicht das Richtige. Die Toscana? In Juni wimmele es bereits von Touristen, also nichts für die Fünf. Schweden! Wieso nicht Schweden? Mittsommer in Schweden? Abgemacht!

Berel: „Ja, wunderbar. Ich organisiere etwas. Auf einer der Schären nördlich des Polarkreises."

„Dann können wir schon baden?"

„Wir sind doch abgehärtet, resilient!"

„Die Sonne geht nicht unter?"

„Am Polarkreis, genau genommen nur einen Tag. Weiter nördlich, einige Tage mehr."

„Keine Wölfe?"

„Die hatten wir doch schon in den Alpen, und keiner davon hat uns angefallen. Die haben mehr Angst vor uns als wir vor ihnen!"

„Warmes, sonniges Wetter?"

„In der Regel sorgt zu dieser Zeit ein Hoch über Skandinavien für stabile Verhältnisse."

„Mit Zelt oder in einer Hütte?"

„Das werde ich rechtzeitig wissen lassen."

„Und was das Ernsthafte betrifft, worüber reden wir?"

Berel: „Das hört sich ja alles vortrefflich an. Ich schlage vor, dass wir uns am Polarkreis noch einmal das Klima vornehmen. Schmelzendes Meereis, Gletscher auf dem Rückzug, Anstieg des Meeresspiegels, Veränderungen in der Biosphäre, extremes Wetter, kurzum, alles was sich ändert, von der Troposphäre bis hinunter auf den Ozeanboden."

Tosca: „O weh, ist das nicht ein bisschen zu viel? Oder vielleicht auch noch die Energiewende?"

Berel: „Die lass ich für das übernächste Mal. Mal sehen, was bis dahin so passiert ist."

Venja: „Ich empfehle zu Berels Thema das Buch von Kim Stanley Robinson: *The Ministry for the Future*. Ein verrücktes Buch, gespickt mit interessanten Aktionen, um die Erwärmung einzudämmen. Sogar Obama hat es gelobt."

„Sollten wir es dann nicht lieber lassen?"

Venja: „Keinesfalls. Robinson zählt übrigens etwa vierzig Leute auf, die ihm beim Buch geholfen haben."

Tosca: „Bekannte darunter? Womöglich Obama?"

„Ich habe keine entdeckt."

Sonja: „Wie sieht es aus? Folgen wir Berels Vorschlag?"

Der Vorschlag findet Zustimmung. Sonja wird mit Küsschen für die exzellente Bewirtung gedankt. Die Ergebnisse der Diskussion werden festgehalten, wie das letzte Mal, versichert Sonja. Sie freuen sich auf das Wiedersehen in Berels Heimat.

Berels Glück. Zurückgeblieben ist Berel. Sonja: „Berel, du machst einen glücklichen Eindruck. Ist es der neue Freund?"

Berel: „Ach Sonja, vielleicht schon. Jedenfalls bin ich beeindruckt, wie er das Leben so leicht und selbstverständlich annimmt. Ich mag ihn gern ansehen. Es gefällt mir, wie er sich bewegt. Eher noch jungenhaft, obwohl er in meinem Alter sein dürfte. Sein genaues Alter kenne ich nicht, das finde ich auch nicht wichtig, es wird sicher irgendwann zu Tage treten. Er hat gerade sein Bergführerdiplom bekommen, nach dreijähriger Ausbildung, das hat mir irgendwie sehr imponiert. Er kann mich dann bis in die Gipfelwelt mitnehmen, die ich mir allein nicht zutrauen würde."

„Das passt ja prima, ich weiß, du liebst die Berge."

„Und er kennt sich darin aus. Er hat mit mir das Anseilen und Knoten-Knüpfen geübt. Bei einigen bin ich bereits schneller als er."

„Klettern erfordert Mut."

„Meinst du, der fehlt mir?"

„Sicher nicht. ich wollte es nur gesagt haben."

„Klettern macht Mut. Glaube ich jedenfalls. Er muss nicht von vornherein vorhanden sein. Und ist er einmal da, geht er so schnell nicht wieder weg. Und Mut könnte mir auch im Beruf und bei der Stellensuche behilflich sein."

„Du meinst, das Klettern würde dein Vertrauen in deine eigenen Fähigkeiten stärken?"

„Das glaube ich tatsächlich. Auch Tizian, mein Freund, ist davon fest überzeugt."

„Und über den Gipfeln, die du erklettern willst, schwebt deine Zuneigung, vereinigt mit der seinen?"

„Ganz gewiss. Er ist mir sehr lieb."

Nördlich des Polarkreises

„Warum geht die Sonne nicht unter?"
„Hast du nicht schon einmal danach gefragt?"
„Kann sein. Erklär es noch mal, bitte. Vielleicht versteh ich's dann."

Einen ganzen Tag waren sie unterwegs, um von Freiburg nach Kiruna zu gelangen. Nach langem Hin und Her hatten sie sich für den Flug entschieden. Die Beförderung mit dem Zug hätte mehr als einen Tag ihrer auf zehn Tage geplanten Reise weggeschmolzen. Jetzt sitzen die Fünf am Ufer eines der hunderttausend Seen, die Schweden laut *Wiki* beherbergen soll.

Von Kiruna sind sie geradewegs in die Wälder aus Kiefern und Birken gegangen und immer wieder über Findlinge gestolpert, die von der letzten Eiszeit liegen gelassen wurden. Drei Tage lang sind sie gewandert, bis in weiter Ferne im Westen die Berge sichtbar wurden, die Schweden von Norwegen trennen. Sie haben auf Moospolstern ihre Schlafsäcke ausgelegt und Dunkelheit unter den Bäumen gesucht, um der Helligkeit der Nacht zu entgehen. Sie haben nicht viel geredet, waren damit beschäftigt, den Weg zu finden, der sie zum Haus hundertfünfzig Kilometer nördlich des Polarkreises, mitten im wilden Lappland führen sollte. Das Haus hatte Berel über eine Touristikfirma gemietet.

Fast hätten die Fünf es nicht gefunden – der Pfad führte durch lichte Birkenwälder ins Nirgendwo. Und dann stand es plötzlich doch vor ihnen, auf einer kleinen Anhöhe – ein Haus, eine Hütte aus Holz, mit dem traditionellen Falunrot angestrichen; und dahinter das Wasser, ein Teich, kaum hundert Meter lang wie breit. Vor dem Haus eine Art Brunnen, von einem Bächlein gespeist, das den Teich mit Frischwasser versorgte. Die Koordinaten stimmten, und der Schlüssel, er passte.

Jetzt sitzen sie bei Mitternachtssonne in einer Reihe am Wasser, bei milden siebzehn Grad Lufttemperatur. Die Mücken haben sich zurückgezogen. Offenbar benötigen auch die Plagegeister des Nordens ein bisschen Ruhe, bevor sie sich gegen Morgen erneut auf alles stürzen, was Blut unter der Haut vermuten lässt. Die Sonne steht tief, nah am Wendepunkt, von dem sie wieder aufsteigt. Die Luft bewegt sich nicht. Wäre da nicht der Brunnen, in den ein gleichmäßig spärliches Quantum an Wasser tropft, würden die Fünf die absolute Stille erleben. Sie spüren ihre Muskeln und Gelenke. Sie sind müde. Es ist eine Art wohliger Müdigkeit, die begleitet von umfassender Entspannung, das Denken gradlinig macht und Ideen sprießen lässt. Das seien beste Voraussetzungen, versichern sie einander, um Toscas Frage zu erörtern, die für Menschen, Tiere und Pflanzen, also für die gesamte Biosphäre der Erde, so bedeutsam ist: warum geht die Sonne nicht unter?

Sonne und Erde. Tosca, an eine Sonne gewöhnt, die auch im Sommer untergeht, lässt nicht locker. Sie verlangt die Erklärung, warum die Sonne hier selbst um Mitternacht noch zu sehen sei.

Natürlich hätte sie sich vorab informieren können. Bücher und Internet geben Auskunft, aber warum lesen und womöglich nicht verstehen, hatte sie sich gesagt, wenn doch Genia als studierte Physikerin dazu sicher eine gute Erklärung geben würde. Das lässt sich Genia nicht zweimal sagen. Als hätte sie sich darauf vorbereitet – so leicht, klar, fast beschwingt kommt das Gewünschte über die Lippen.

„Die Erde dreht sich, wie ihr wisst, um die Sonne; die Ebene, die dadurch aufgespannt wird, heißt Ekliptik; die Bahn, die sie dabei beschreibt, ist eine Ellipse. Deren Brennpunkte liegen aber so nahe beieinander, dass ihr nichts falsch macht, wenn ihr euch die Kurve um die Sonne als einen Kreis vorstellt. Die Erde dreht sich nun nicht nur um die Sonne, sondern auch um sich selbst, was uns den Tag und die Nacht beschert. Die Achse, um die sich die Erde dreht, verbindet die Pole und geht durch den Mittelpunkt der Erde. Durch eine glückliche Fügung ist sie gegen die Gerade, die senkrecht auf der Ekliptik steht, um etwa 23.5 Grad geneigt. Und hier ist der Clou: Wenn die Erde um die Sonne läuft, bleibt die Orientierung der Drehachse im Raum erhalten, so dass ihre Spitze immer in die gleiche Richtung zeigt. Die Folge: Auf der Nordhalbkugel ist sie im Winter von der Sonne weg, und im Sommer zu ihr hin geneigt. Die Wirkung: im Winter ist es am Nordpol durchgehend dunkel, im Sommer dagegen durchgehend hell."

Tosca: „Was genau passiert am 21. Juni?"

Genia: „Der 21. Juni ist ein besonderer Tag. Dann geht am nördlichen Polarkreis die Sonne nicht unter. Was passiert da? Die Sonne spannt einen hohen Bogen am Horizont und wandert, wie gewohnt, von Osten am Morgen über den Süden zu Mittag nach Westen am Abend und erreicht, für uns gewöhnlich unsichtbar, um Mitternacht den Norden. Befinden wir uns auf dem Polarkreis, ist das anders – dann geht die Sonne am 21. Juni nicht unter. Der umspannt die Erde auf 66,5 Grad nördlicher Breite.

Bist du nördlich davon, siehst du sie mehrere Nächte. Bist du am Pol, hast du ein halbes Jahr helle Nächte. Wir sind jetzt auf etwa 67,4 Grad, haben also das Vergnügen, ein paar Tage helle Nächte zu erleben."

Berel: „Der Tag der Sommersonnenwende sagt, dass von diesem Tag zu den folgenden die Länge des Tages wieder abnimmt. So wie die Wintersonnenwende ankündigt, dass es von da ab mit der Länge des Tages wieder bergauf geht."

Tosca: „Auf der Südhalbkugel ist das alles genau umgekehrt. Richtig?"

Genia: „Stimmt. Die Sommersonnenwende auf der Südhalbkugel entspricht der Wintersonnenwende auf der Nordhalbkugel. Und das ist der 21. Dezember."

Tosca: „Am 20. März und 22. September steht die Erdachse im rechten Winkel zur Sonne, und Tag und Nacht sind auf Süd- und Nordhalbkugel dann gleich lang. Das sind die sogenannten Äquinoktien. Auch richtig?"

„Perfekt."

Tosca: „Aber können wir die Bewegung der Erde nicht irgendwie veranschaulichen?"

„Das würde auch mir helfen," sagt Sonja

„Ich vermute, uns allen", bekräftigt Venja.

„Ich versuch es mal", sagt Genia. „Einer muss in die Mitte. Sonja, bist du so lieb? Sonja ist das Zentrum, die Sonne, welche rundherum strahlt, um die die Erde kreist. Berel nimmt ihren Wanderstock und hält ihn in die Höhe, 24 Grad gegen den Boden gekippt, den wir als die Ekliptik nehmen. Es fehlt uns eine Kugel, durch deren Mitte Berels Stock geht. Die müssen wir uns denken. Berel geht jetzt langsam auf einem Kreis, sagen wir in vier Meter Abstand, um Sonja herum, immer darauf achtend, dass sich die Neigung des Stocks in der gedachten Kugel nicht verändert. Tosca beobachtet Berels Umdrehung und sagt uns, an welcher Stelle Berel im Sommer ankommt."

Das Experiment misslingt; Berel hat die Neigung der Achse nicht konstant gehalten. Im zweiten Anlauf klappt es. Tosca hat Stopp gerufen, als Berel auf ihrer Rundreise im Sommer angekommen ist.

Sonja ist der Ansicht, die Angelegenheit verstanden zu haben und prüft, ob es den anderen ähnlich ergeht.

„Quizfrage: wenn die Neigung der Erdachse gegen die Ekliptik Null Grad beträgt, erhalten dann die Pole mehr oder weniger Sonnenlicht?"

Venja: „Sie erhalten beide kein Sonnenlicht."

„Was sagt die Expertin?"

Genia: „Die Expertin ist keine Expertin; was ich euch erzählt habe, ist eher geophysikalisches Grundwissen. Die Antwort ist richtig."

Berel: „Sieht dann fast so aus, als habe sich die Achse so eingestellt, dass für den größten Teil der Erde optimale Bedingungen herrschen."

Die betrunkene Erdachse. Genia: „Damit hast du recht. Bleibt die Frage, wie die Achse zur Zeit der Entstehung der Erde war. Vielleicht doch ganz anders?"

Venja: „Ich erinnere mich, gelesen zu haben, dass die Neigung der Drehachse tatsächlich nicht konstant ist. Aber das können doch nur kleine Änderungen sein, sonst würde unsere schöne Theorie der Jahreszeiten zusammenbrechen."

Genia: „Wow, wie das? Ihr wisst viel mehr, als ihr zugeben wollt. Das stimmt! Die Drehachse wandert zwischen einer Neigung von 21.5 und 24.2 Grad. Aktuell beträgt sie, wie bereits erwähnt, 23.5 Grad. Um die gesamte Spanne der Neigungen zu absolvieren, benötigt die Erde vierzigtausend Jahre. Aber das ist nicht alles. Zugleich vollführt die Achse eine Bewegung wie ein Kreisel. Das Phänomen bezeichnet man als Präzession. Die Erdachse wandert auf einem Kegel, die Neigung der Erdachse zur Senkrechten bleibt dabei erhalten. Ein vollständiger Umlauf dauert fünfundzwanzigtausend Jahre."

Tosca: „Wie kompliziert! Die Drehachse taumelt und wandert dabei. Stellt euch einen Menschen vor. Wir würden ihn betrunken nennen."

Genia: „Es gibt Modelle, die simulieren die Bewegung der «betrunkenen» Achse im Zeitraffer. Da schmelzen die Tausende von Jahren auf wenige Sekunden. Beide Änderungen sind aber so langsam, dass sie selbst über einen Zeitraum von hundert Jahren keinen messbaren Einfluss haben. Wir merken also hier und heute rein gar nichts davon. Wären wir unsterblich und könnten zehntausend Jahre und mehr beobachten, würden wir die Entstehung und den Rückgang von Eiszeiten sehen. Dass die Änderungen der Drehachse einige, wenn auch nicht alle Eiszeiten angestoßen hat, ist für Klimaforschern, die das vergangene Klima erkunden, eine ausgemachte Sache. Aber nun ist Schluss, meine Lieben, weitere Erklärungen nur im Privatissimum in Freiburg. Einverstanden?"

Sonja: „Wir sind schlauer geworden, aber wissen nach wie vor nicht, wer die Achse so optimal eingestellt hat!"

Venja: „Es sieht ganz danach aus, als hätte die berühmte unsichtbare Hand, im Verbund mit den Gesetzen der Physik, die Angelegenheit geregelt. Andere sagen, es war Gott, der sich das ausgedacht hat."

Berel: „Optimal waren die Bedingungen keineswegs immer; es gab Eis- und Warmzeiten, dadurch konnte was lebte, untergehen oder in anderer Form wieder auferstehen."

Das Optimum der Fünf ist inzwischen längst überschritten. Die Müdigkeit hat bedrohliche Ausmaße erreicht. Doch vorm Einschlafen muss sichergestellt sein, dass alle Fenster geschlossen sind. Protest kommt auf. Er verstummt, als daran erinnert wird, dass offene Fenster eine höchst willkommene Einladung für die Stechmücken darstellen. So schwer es auch fällt – die Fenster müssen geschlossen werden.

Sonjas Loreley. Zeit zum Aufstehen? Sonja, die ihr Leben bisher vorwiegend in Mitteleuropa verbracht hat, verwirrt die Helligkeit. Noch Nacht oder schon Tag? Ein Blick auf ihr Smartphone, das sich stets in nächster Nähe befindet, schafft Gewissheit. Sie schwingt sich aus dem Bett. Da sie morgens immer die Erste ist, hat sie sich zur Aufgabe gemacht, die anderen zu wecken, die andernfalls bis Mittag schlafen würden. Sie greift ihre Mundharmonika und lässt die Loreley von Heinrich Heine in der Vertonung von Clara Schumann erklingen. Die Frauen richten sich auf, schlüpfen aus dem Schlafsack, setzen sich aufs Bett und unterstützen Sonjas Performance vielstimmig. Sie kennen die Strophen und finden sie schön – angezogen von der romantischen Seite von Deutschland, die spätestens mit Beginn des ersten Weltkriegs untergegangen und nicht wieder auferstanden ist. Nur eine von ihnen ist nicht dabei. Berel lässt sich nicht von den feinen Tönen, die Sonja ihrer Harmonika entlockt, aufwecken. Sie kann nur durch eine spezielle Behandlung ins Leben zurückgerufen werden.

„Kein Grund zur Sorge", sagt Sonja. „Ich weiß, was zu tun ist."

Alles von ihr ist vom Schlafsack umhüllt, nur die Haare und das zarte linke Ohr schauen heraus. Das Läppchen davon ist mit einem Ring versehen. Dieser muss nicht einmal, sondern mindestens zweimal gezogen werden, um Berel aus dem Tiefschlaf zu holen.

Tosca: „Berel, du hast Sonjas Loreley verpasst."

Berel: „Was für ein Pech! Kannst du das Lied wiederholen?"

Sonja: „Nur wenn du es das nächste Mal auswendig rezitieren kannst."

„Sonja, die Erzieherin", murmelt Berel. „Ist ja auch die Älteste von uns, wenn auch nur um ein paar Jahre." Und laut: „Ja, vielleicht schaffst du es noch, mich zu erziehen? Meine Eltern haben frühzeitig aufgegeben."

Sonja: „Okay, die Eltern haben mein Mitgefühl."

Tosca: „Wir hatten uns beim letzten Treffen vorgenommen, über den Dauerbrenner, die fortschreitende Erwärmung des Klimas, in Ruhe zu diskutieren. In diesem Zusammenhang wollten wir auch über das Buch *The Ministry of the Future* reden."

Berel: „Können wir das auf morgen verschieben? Mir liegt aktuell die gefährdete Meinungsvielfalt am Herzen."

Meinungsvielfalt. Einer der Eckpfeiler der demokratischen Verfassung in Deutschland scheint in Gefahr – die uneingeschränkte Vielfalt der Meinungen, Ansichten, Auffassungen, Verkündigungen. So sehen es zahlreiche Mitarbeiterinnen und Mitarbeiter von ARD, ZDF und Deutschlandradio in ihrem kürzlich veröffentlichten *Manifest*. Darin heißt es:

Das Vertrauen der Menschen in den öffentlich-rechtlichen Rundfunk nimmt immer stärker ab. Zweifel an der Ausgewogenheit des Programms wachsen. Die zunehmende Diskrepanz zwischen Programmauftrag und Umsetzung nehmen wir seit vielen Jahren wahr.

Venja: „Wurde das im Fernsehen diskutiert?"

Sonja: „Davon weiß ich nichts. Vielleicht sollten wir das recherchieren. Oder Herrn Lanz oder Frau Maischberger fragen, die wissen alles." Sie ergänzt: „Immerhin müssen wir viel Geld für den Empfang des *Öffentlich-Rechtlichen* bezahlen und haben, wie in so vielen anderen Fällen, keinerlei Mitsprache." Sie überlegt. Richtig, die Rundfunkräte. Die Aufsicht. Das könnte in diesem Zusammenhang interessant sein. „Es gibt aber eine große Anzahl von Rundfunkräten, und diese haben die Aufgabe, darüber zu wachen, dass die gesellschaftliche Vielfalt sich auch im Fernsehen und Rundfunk abbildet. Jedes Bundesland in Deutschland, also Thüringen, Bayern, Hamburg etc. hat seinen eigenen Rundfunkrat. Das habe ich neulich in einem Gespräch mit meinem Doktorvater gelernt."

Venja: „Dann sind die Räte wohl inzwischen in einem Tiefschlaf versunken, ähnlich dem von Berel."

Berel: „Ich bitte doch um etwas mehr Anstand! Mich mit den Rundfunkräten zusammenzubringen, ist wahrlich degoutant!"

Tosca: „Mich interessiert, Sonja, was dein Doktorvater dir in dieser Angelegenheit sonst noch erzählt hat. Da gibt es gewiss eine Menge Gesichtspunkte, von denen wir hier noch nie etwas gehört haben."

Sonja: „Mein Doktorvater hat in der Tat noch eine Menge mehr dazu erzählt. Und da er stets gut informiert ist, meine ich, dass wir ihm glauben können."

Tosca: „Nun mal raus mit der Sprache, Sonja, was hat dieser gelehrte und gesprächige Vater erzählt?"

Sonja: „Beschränken wir uns auf die Rundfunkräte, die für ARD, ZDF und Deutschlandradio zuständig sind. Die Mitglieder gehören zu Vereinen, Banken, Gewerkschaften, Parteien, Kirchen und großen Unternehmen. Da kommen unglaublich viele Leute zusammen, beim ZDF allein sind es sechzig, darunter zur Zeit drei Leute mit Professorentitel und ein Pensionär."

Berel: „Ein Pensionär? Oder ein Rentner? Gibt es da einen Unterschied?"

Sonja: „Oh ja."

Berel: „Haben wir darüber nicht schon geredet?"

Sonja: „Nein. Der wichtigste Unterschied zwischen Rentner und Pensionär kam bei der Wagenknecht nicht zur Sprache. In Deutschland bekommt der Pensionär im Mittel monatlich 1500€ mehr als der Rentner."

„Oho", kommt es mehrstimmig.

Sonja: „Für die Zahl lege ich meine Hand nicht ins Feuer, Verteidiger des Systems werden sagen, da vergleicht man Äpfel mit Birnen. Aber ich bin sicher, dass es eine vierstellige Summe ist, wenn man alle Vorteile berücksichtigt, welche die Pensionäre genießen."

Berel: „Ein deutsches Alleinstellungsmerkmal?"

Sonja: „Könnte sein. Mit Gewissheit behaupten kann ich das nicht, wie könnte ich. Ich kenne doch nicht die Besoldungssysteme aller Länder auf unserer Erde. Aber zurück und zusammengefasst: Der Rundfunkrat besteht aus den bekannten Gruppierungen, die den Pluralismus der Gesellschaft abbilden sollen."

Venja: „Tun sie das?"

Sonja: „Na ja, in Teilen schon. Aber das Bild ist natürlich nicht komplett. Die überwiegende Mehrheit der Bevölkerung ist nicht organisiert. Folglich fällt sie unter den Tisch."

Tosca: „Werden die Rundfunkleute gewählt?"

Sonja: „Bewahre! Entsendet! Die jeweiligen Institutionen entsenden."

Venja: „Das Thema interessiert. Wir sollten einen Brief an den Rundfunkrat schicken, in dem wir unsere Solidarität mit dem Manifest bekräftigen."

BereL: „Wer schreibt den Entwurf?"

Venja: „Sonja, Muttersprache Deutsch."

Tosca: „Ist auch euch aufgefallen, dass eine Menge Trivialitäten in den Nachrichten ausgebreitet wird? Andererseits geraten wichtige Informationen zu kurz oder kommen gar nicht."

Venja: „Aber es muss auch was für den durchschnittlichen Geschmack dabei sein."

Berel, zornig: „Du denkst doch wohl nicht an die Filme, in denen sich Autos überschlagen und explodieren, Menschen erschossen, gefoltert, verunstaltet werden? Himmel, der Lärm, der im Kasten dröhnt, ist nicht auszuhalten. Es ist doch so – die Filme, die bis in die Nacht hinein, tagein, tagaus über den Bildschirm flimmern, sind stets gleich gestrickt; die Serien, die mit Versöhnung oder Aussicht auf Heilung am Krankenbett enden, langweilen mich, bevor sie begonnen haben – hast du das im Sinn?"

Venja: „Berel, für was hältst du mich? Ich habe doch lediglich vom durchschnittlichen Geschmack gesprochen. Nicht von dem unserem exklusiven, wie sollte ich. Aber denk an die putzigen Filme, in denen Bären das Junge säugen oder die Fledermäuse mit Drohgebärden ihre Feinde verjagen. Dann wirst du dich beruhigen, und alles ist wieder gut."

Berel ist weder aufgeregt noch unruhig; sie ist ganz beim Thema. Doch bevor sie weiterreden kann, wird sie von Genia unterbrochen: „Da hast du mich an was erinnert, Venja. Ich habe einen seltenen Augenblick erwischt. Eine Fledermaus war so freundlich und hat mir mit ihren spitzen Zähnen gedroht, nur ja nicht näher zu treten. Sie hatte sich in einer Gardine verfangen. Wollt ihr das Foto sehen?"

Genia holt ihr Handy und zeigt das Tier. Wie furchterregend so ein kleines Biest sein kann, sein Gebiss wie das eines Raubtiers, es sieht gesund aus und ist beneidenswert weiß, und das ohne Zähneputzen; wie es Genia nur gelingen konnte, solch ein Foto zu schießen. Ein Foto mit Seltenheitswert, sagen sie. Und seht nur die Augen, diese kirschgroßen, schwarzen Augen. Und die mächtigen Ohren! Wohl deshalb so groß, dass ihnen keines der Signale entgeht, die sie aussenden und von der Beute reflektiert werden, erinnern sie sich. Schulwissen. Und die Flügel Durchsichtig wie Pergamentpapier, darin eingebettet die zarten Arme und Beine. Was hat sich die Evolution nicht alles einfallen lassen. Bleibe zu klä-

ren, sagen sie, was die Genia schlussendlich mit dem verängstigten Tierchen gemacht habe.

Genia: „Ich habe sie mit aller Vorsicht aus der Gardine befreit. Auf den Tisch gesetzt und das Fenster geöffnet. Sie hat viele Sekunden lang Luft in die Lungen gepumpt, so schien es mir wenigstens, dann ihre Flügel geöffnet, die zuvor schlapp herunterhingen, urplötzlich sich aufgeschwungen und ist durchs Fenster ins Freie davongeflogen."

„Berel, das Spektakel ist vorbei. Wir sind wieder ganz Ohr", versichert Sonja.

Berel: „Was ich sagen will: ich verfolge gern den

Hörfunk, namentlich den Deutschlandfunk (DLF). Manchmal gibt es dort ganz ordentliche Diskussionen. Allerdings grassiert auch beim DLF die Meinungseinfalt. Jeden Morgen werden Pressestimmen zu jeweils aktuellen Themen verlesen; ich würde keinesfalls unterstellen wollen, dass der Deutschlandfunk die ihm genehmen aussucht, im Gegenteil, sie werden vermutlich verzweifelt nach Unterschieden in den Kommentaren suchen. Aber sie finden keine. Die Pressemeinungen in deutschen Zeitungen differieren allenfalls um Nuancen, inzwischen auch bei Zeitungen, die sich vor zehn Jahren noch einigermaßen unterschieden, wo man von linken und rechten Blättern sprach."

Sonja: „Die Feststellung von Berufenen, dass Fernsehen, Rundfunk und Presse ziemlich konforme Meinungen verbreiten, ist so alt wie die Bundesrepublik Deutschland. Doch sie wird stets von den Verantwortlichen als unbegründet abgetan. Wie ist das bei euch, Berel?"

Berel: „Bei uns in Schweden? Die schwedischen Printmedien, die in Zahl und Umfang schrumpfen, sind deutlich vielstimmiger als hier, das ist mein Eindruck. Diesen zu verifizieren, dürfte allerdings nicht einfach sein."

Tosca: „Als Ergänzung zum Beitrag von Sonja möge dieses Stimmungsbild dienen. Mir ist aufgefallen: im DLF werden Meinungen, die eher von den Rändern der Gesellschaft kommen, sehr ausführlich von den Redakteuren hinterfragt. Die Gesprächspartner werden nach minutenlanger Streiterei dann meist schmallippig verabschiedet. Handelt es sich dagegen um Gespräche, die der *demokratischen Mitte* zuzuordnen sind, die wie schon angemerkt, die überwältigende Mehrheit der Interviews darstellen, dann ist das Klima ein ganz anderes. DLF zeigt viel Verständnis für die Position des Gegenübers, und man verabschiedet sich mit freundlicher Stimme, die nahelegt, dass in Kürze mit demselben Gegenüber an gleicher Stelle ein weiteres Gespräch zu erwarten ist, das überdies ähnlich harmonisch ablaufen dürfte wie das gerade geführte. Ich kann euch sagen, ich hätte das Radio am liebsten gegen die Wand geworfen."

Berel: „Dann hättest du dir ein neues kaufen müssen, um die dir genehmen Beiträge anhören zu können."

Tosca: „Eben deshalb hab ich's nicht getan. Ich möchte an dieser Stelle aber auch etwas Positives sagen. Sogar eine Lanze brechen. Für einen Experten, der diesen Namen in meinen Augen verdient. Das ist Daniel Gerlach, Herausgeber der Zeitung *Zenith*, die über den Orient schreibt. Dieser ernsthafte und glaubwürdige Mann berichtet im Fernsehen sehr präzise über die Ereignisse in Gaza und im Libanon. Hört man richtig zu, wird man die feinen Untertöne herausfiltern, mit denen er Israel nicht ungeschoren davonkommen lässt. Ich hoffe, dass nicht irgendein Rundfunkrat seine Ablösung durchsetzt."

Der Protokollant bittet ums Wort. Er macht darauf aufmerksam, dass sein Beitrag, angesichts der

Aktualität des Problems etwas mehr Zeit benötige, als man von ihm gewohnt sei.

Brandmauern. «Das Manifest kritisiert die aus Steuern der Öffentlichkeit finanzierten Rundfunk- und Fernsehanstalten. Allein aus diesem Grund besteht die Forderung, auch andere als die herrschenden Meinungen zu hören, völlig zu Recht. Die Themen der Zeit, wie zum Beispiel Ukraine, Gaza, Migration, Klima, Wohnungsnot, Verkehr, Energie etc. werden in den diversen Gesprächsrunden durchaus diskutiert; aber es sprechen überwiegend Frauen und Männer, die einerseits über einen hohen Bekanntheitsgrad verfügen und andererseits im Meinungsspektrum der *demokratischen Mitte* verankert sind. Das Ergebnis von Diskussionen in der beschriebenen Anordnung ist also unschwer vorhersagbar: es ist die Wiederholung der herrschenden Meinung.

Zur *demokratischen Mitte* zählen sich in Deutschland bekanntlich die politischen Parteien von SPD, CDU, CSU und Grüne. Es handelt sich hier um eine Art Selbstvergewisserung: wir, die Parteien der Mitte, sind demokratisch. Vor sehr vielen Jahren gehörten die Grünen, als sie noch grün waren, nicht dazu. Inzwischen überwiegt der Gelbanteil im Grünen, und ihre jetzigen Repräsentanten sind stolz, Mitglied der Mitte zu sein. Überraschenderweise findet man auch die CSU in dieser Mitte, obwohl es oft danach aussieht, dass viele von denen sich am rechten Rand viel wohler fühlen.

Ich möchte die Möglichkeit nutzen, die sich für

mich als Protokollant eröffnet, um auf einen weiteren Punkt aufmerksam zu machen, der in unmittelbarer Nachbarschaft zur Meinungseinfalt liegt. Zum Schutz gegen unbotmäßige Meinungen werden seit geraumer Zeit sogenannte *Brandmauern* aufgestellt. Sie sollen Parteien und Staat gegen die rechten, wohl auch linken Extremisten schützen. Die Brandmauern sind allerdings von nur geringer Qualität, denn sie sind durchlässig. Überall in Europa haben sich die Ränder bis weit in die Mitte der Gesellschaft ausgebreitet. Eines Tages wird man Mitte und Rand nicht mehr unterscheiden können.

Mauern können auch Zäune sein, womöglich mit Stacheldraht bewehrt. Sie werden überall in der Welt angewendet, um den Ansturm der Flüchtlinge abzubremsen. Kürzlich kündigte der deutsche Kanzler den Bau einer gewaltigen Mauer an, um Syrer, Afghanen, Iraker und andere, die dazu neigen, sich auffällig zu verhalten, aus Deutschland fernzuhalten. Anlass sind verschiedentliche Messerattacken von Flüchtlingen, darunter zum Leidwesen der Angehörigen auch solche mit Todesfolge. Selbst wenn die geplanten oder bereits vollzogenen Versuche, den Flüchtlingsstrom aufzuhalten, in Einzelheiten hinter den Absichten der radikalen Rechten zurückbleiben, so ist doch deren triumphale Ansage, dass die Parteien der *demokratischen Mitte* ihnen nacheifere, inzwischen kaum mehr von der Hand zu weisen.

Demokratisierung der Demokratie. Was nun die Demokratie betrifft, die bekanntermaßen Meinungsvielfalt garantiert, ist anzumerken, dass hier, wie überall im Westen, eine Art Herrschaft der Parteien besteht, insofern nur Forderungen aus deren Reihen die Chance haben, bei den Regierungen Gehör zu finden oder in Gesetze gegossen zu werden. Einzig wenn Wahlen anstehen, kommt dem Volk eine gewisse Bedeutung zu. Es werden Bürgersprechstunden organisiert, in denen ein ausgewähltes Publikum dem Kanzler Fragen stellen darf. Übrigens: Wie dieses Publikum zustande kommt, ist mir unbekannt. Ich bin jedenfalls, solange ich lebe, noch nie ausgewählt worden. Doch weiter im Text. Die Marktplätze in den Städten werden gesäubert und geschmückt, ein Podium wird aufgebaut. Von dort aus präsentiert die Parteiprominenz in großer Entschlossenheit, mit erstaunlicher Rhetorik und unerschütterlicher Siegesgewissheit, ihre ziemlich gleichen Reden. Vorab wird dafür gesorgt, dass vor allem Anhänger der jeweiligen Partei den Platz füllen, als Bollwerk gegen den möglicherweise aufbrandenden Protest der Andersdenkenden. Es sind die Unentschlossenen, die umworben werden. Sie sind es, denen die geballte Aufmerksamkeit gilt. Gemäßigte wollen sie davon abhalten, die Radikalen zu wählen, und Radikale suggerieren, dass nur mit ihnen eine Änderung der aktuellen Notlage zu erreichen sei.

Die sich zur Wahl stellen, sind jetzt jeden Tag unterwegs, machen Hausbesuche, tauchen unvermittelt in Werkstätten, Schulen, Pflegeheimen und Kneipen auf, trinken Bier, setzen sich an Tische und schäkern mit angeheiterten Damen; kurzum offenbaren Eigenschaften, die das Wahlvolk verblüffen. Sie hatten in den Debatten im Parlament ganz andere Personen gesehen, obwohl es doch nachweislich dieselben sind, die ihnen jetzt auf die Schultern klopfen, Trost und Ermutigung spenden.

Nach den Wahlen ist vor den Wahlen; die Biertrinker sind wieder unter sich, die Klingelei an den Haustüren verstummt, die Damen sind wieder nüchtern und die Gewählten verschwinden in ihren Büros, halten Reden im Parlament oder geben Kommentare in Gesprächsrunden. Wenn neue Gesetze beschlossen oder bestehende geändert werden, wenn Maßnahmen ergriffen oder unterlassen werden, müssen diejenigen auf den Bildschirm, die diese zu verantworten haben. Sie erklären dem Volk, warum dieses so und jenes anders gesehen werden muss, und dass die neue Gesetzeslage, die gerade beschlossen wurde, sehr viel besser ist als die alte, im übrigen ein Punkt von vielen, der in der Koalitionsvereinbarungen vereinbart und jetzt erledigt worden sei. Die Sicht der Regierung sei alternativlos; und alles was die Opposition oder widerständige Teile der Bevölkerung an Einwänden vorbrächten, zwar zur Kenntnis genommen werde, aber aus den soeben dargelegten Gründen habe verworfen werden müssen.

Die Demokratie versinkt nach den Wahlen im Tiefschlaf. Und wacht erst wieder auf, wenn die nächsten Wahlen vor der Tür stehen. Das muss geändert werden. Es geht um die Demokratisierung der Demokratie.

Ich danke für die Aufmerksamkeit, von der ich annehme, dass es sich um eine ungeteilte handelte.»

Zweierlei Maß. Tosca: „Mir ist aufgefallen, dass die Proteste der Studenten gegen den Gaza-Krieg in Amerika ausführlich behandelt werden, in Deutschland eher am Rand. Die Leiden der Bevölkerung in Gaza werden gestreift, die Leiden, denen die Israelis beim Überfall durch die Hamas ausgesetzt waren, hier dagegen immer wieder herausgestellt. Sobald die Politik sich zu Gaza äußert, kommt als erstes der Verweis auf die Not der Israelis, als zweites die Schuldzuschreibung. Damit entsteht bei mir der Eindruck, dass die Schuld an der Misere allein bei den Hamas liegt, dass das Leid der einen hundertfach mehr wiegt als das Leid der anderen."

Venja: „Es handelt sich in der Tat um eine Art Geschichtsklitterung. Alle zur Zeit heftig diskutierten Ereignisse haben eine lange Vorgeschichte. Die wird aber regelmäßig ausgeblendet. Man tut so, als würden die Ereignisse vom Himmel fallen. Das aber tut nur der Regen, und selbst der hat eine Vorgeschichte."

Berel: „Da sind wir beim zweierlei Maß, das mich maßlos ärgert. Die Verbrechen des Westens werden im Westen mit großer Nachsicht behandelt; die des Ostens mit aller Härte aufgezählt und gegeißelt. Die Grausamkeiten des russischen Militärs in der Ukraine werden anders gewertet als der israelische Völ-

126

kermord in Gaza. Das eine ist ein strafbewehrtes Verbrechen, soweit richtig, das andere nach Verlautbarungen der Amerikaner und Deutschen ein schlimmer, gleichwohl unvermeidbarer Kollateralschaden, der in Kauf genommen werde müsse, da das vordringliche Ziel nicht die Schonung der Bevölkerung, sondern die Vernichtung der Hamas sei."

Venja: „Im Osten, wenn wir schon bei dieser etwas vereinfachenden Geographie bleiben, ist es natürlich genau umgekehrt. Die Untaten des Ostens werden verharmlost oder totgeschwiegen, während die des Westens von den Medien ausführlich dargestellt und verurteilt werden."

Berel: „Das ist kalter Krieg auf der Schwelle zum heißen."

Genia zögert, ob sie Nawalny, den russischen Widerstandskämpfer, und Assange, den Geheimnisverräter, bringen darf. Ob sie die dramatisch unterschiedlichen Maßstäbe, die bei diesen beiden angelegt werden, zur Sprache bringen kann. Sie als Russin? Was hindert sie daran? Sie weiß sich in einer geschützten Umgebung.

„Ich kann nicht anders, ich muss es sagen. Nawalny, ihr erinnert euch, wurde schon vor seinem Tod im Westen zum Helden gekürt. Dagegen habe ich nichts. Dass ein anderer dabei in Vergessenheit geraten ist, dagegen habe ich sehr viel. Ich meine Snowden, vor allem aber Assange. Wir wissen, was er geleistet hat... als Erster und Einziger die amerikanischen Verbrechen in Syrien und Irak dokumentiert und veröffentlicht. Er wurde lange eingesperrt. Jetzt endlich ist er unter dubiosen Umständen und vermutlich erpressten Geständnissen frei gesetzt. Der ist ein gebrochener Mann."

Sonja: „Du hast meine volle Zustimmung, Genia. Die deutsche Außenministerin, die ich für eine erschreckende Fehlbesetzung halte, hat zu Assange beharrlich geschwiegen, aber war bei Nawalny mit allem, was ihr an Redevermögen zur Verfügung steht, zur Stelle."

Berel: „Wir sollten nicht zu viel von dieser hübschen Person verlangen. Sie ist in dieses Amt völlig unvorbereitet reingerutscht. Ohne jede Ahnung von Diplomatie. Allein dem Wahlergebnis und ihrer Stellung in der Partei geschuldet. Aber ich gebe zu, ich hätte es auch lieber, sie würde schweigen. Denn sobald sie den Mund aufmacht, habe ich die Befürchtung, dass sie den Faden verliert, vom Text abweicht oder sich einen Fauxpas leistet, wenn sie in ihre Werte geleiteten Außenpolitik abschwenkt. Die im übrigen überhaupt nicht erklärt wird. Gerade in diesen Zeiten wünschte ich mir eine Person, deren Stimme Gewicht hat."

Venja: „Kriegsverbrechen gibt es gestern und heute und morgen; alle Länder, die Kriege führen, begehen Verbrechen. Überhaupt begegnen wir hier einem Missverständnis: als wenn der Krieg nicht für sich ein Verbrechen ist. So hat man den gerechten und den ungerechten Krieg erfunden. Übrigens wurden beide von den Kirchen gesegnet, für die gerechten gab es den einen Gott und für die ungerechten den anderen. Das war schon immer so. Worin besteht also das Problem? Die westlichen liberalen Demokratien rühmen sich ihrer Werte, man spricht sogar von einer *wertebasierten Politik*. Gleichwohl wird in vielfältiger Weise dagegen verstoßen, ohne dass, wie im Fall der USA, die Verursacher der Verbrechen (man denke an Vietnam) je zur Rechenschaft gezogen werden."

Die Gruppe ist sich nach einigem Hin und Her einig, dass die Selbstbelobigung der demokratisch verfassten Länder, werteorientiert zu handeln, Minderheiten eine Plattform zu garantieren und unvoreingenommen die politischen Ereignisse in der Welt zu bewerten, nicht der Wirklichkeit standhalte.

Man gewinne den Eindruck, dass wichtige Informationen zurückgehalten oder nach einem von Politik und Medien ausgehandelten Schema gesendet und kommentiert werden. Das bedeute, dass es mindestens zwei Klassen von bedeutenden Ereignissen gebe: solche die absichtlich keine Erwähnung finden und andere, die mit besonderem Nachdruck und häufiger Wiederholung versehen würden. Dafür gebe es mannigfache Belege, die sie gerne vorlegen würden, sollten ihre Befunde in Frage gestellt werden.

Im übrigen seien sie mit ihrer Meinung ja keineswegs allein auf weiter Flur. Inzwischen gebe es sogar Zeitungen, darunter die unverdächtige Schweizer Neue Zürcher Zeitung, die zu dieser Thematik regelmäßig Artikel veröffentliche.

Sonja: „Himmel, Arsch und Zwirn, was ist da passiert in den letzten drei Jahren!"

Tosca: „Was ist denn da aus deinem Mund gekrochen?"

Sonja: „Weiß es selbst nicht. Erinnere mich, dass mein Großvater diesen Fluch mit großer Lautstärke hervorstieß, wenn jemand aus der Reihe oder nicht nach seiner Pfeife tanzte."

„Schon wieder solch ein Spruch: nach seiner Pfeife tanzen."

„Seid unbesorgt! In allen Sprachen gibt es Derbes."

„Das lassen wir aber jetzt beiseite. Haben ja andere Mittel, unseren Protest auszudrücken."

„Welche?"

„Durch Rede und Gegenrede!"

Wir im Westen.   Venja: „Nachdem wir soviel geschimpft und uns mächtig aufgeregt haben, sollten wir uns daran erinnern, Entschuldigung Genia..."

Genia weiß, dass jetzt etwas kommt, bei dem sie als Russin ausgeschlossen bleibt, als Bürgerin eines autokratisch regierten Landes: „Die ist nicht nötig, ich ahne es, dass ich nicht dabei sein werde, deshalb mach ruhig weiter..."

Venja vollendet: „Wir sollten also nicht ausblenden, dass wir in den Ländern leben, die viele Freiheiten garantieren und wo sich die Mehrheit der Bevölkerung einen erheblichen Wohlstand leisten kann." Venja pausiert, will es möglichst emotionsfrei machen. „Wer von uns möchte wohl, beispielsweise, in Russland oder China oder Indien oder in der Türkei leben?"

Sonja: „Wir leben in Freiheit und auch in Wohlstand. Sehr wohl. Und werden auch nicht in den von dir erwähnten Ländern wohnen wollen. Aber der relative Vorteil unserer Länder und der mit uns verbündeten, die sich samt und sonders als demokratisch bezeichnen, darf uns nicht blenden – in den liberalen Demokratien westlicher Prägung gibt es viele, gibt es massive Probleme. Darüber reden wir und zerbrechen uns die Köpfe, und das tun wir seit unserem ersten Treffen zu Anfang des Jahres."

Berel: „Sonja, das war eine Vorlage für Wagenknechts Partei. Ich sehe dich schon als Mitglied. Du würdest manche von denen in den Schatten stellen."

Sonja: „Natürlich, in der Politik habe ich schon immer meine Berufung gesehen. Wer weiß, vielleicht wird noch was draus."

Tosca: „Sollte etwas daraus werden, vergiss nicht unsere Debatten; denk daran, dass wir stets Mitbestimmung und Gestaltung durch das Volk gefordert haben; dass Willy Brandts Projekt *Demokratie wagen* nie ernsthaft verfolgt wurde, insofern erhebliche Lücken und Fehler aufweist. Knick bitte nicht ein, wenn es die Parteiräson oder andere Zwänge verlangen."

Sonja: „Dein Wort in Gottes Ohr, Tosca. Ich werde, sollte ich Kanzlerin werden, stets daran denken."

Tosca: „Wohl an! Ich schlage vor, das Thema damit fürs erste zu beenden. Das Klima brennt mir unter den Füßen."

'Venja: „Das kommt morgen dran. Es ist genug für heute. Einverstanden?"

Natürlich sind sie einverstanden, schon wegen der zunehmenden Angriffe der Mücken, die ihre Verstecke gegen Abend verlassen haben und im Begriff sind, sich auf das junge Blut zu stürzen.

„Bevor uns die Mücken verjagen, stürzen wir uns ins Wasser", ruft Venja, und schon ist sie ausgezogen und setzt mit einem prächtigen Kopfsprung ins Wasser des Teichs. Die Vier folgen, eine nach der anderen hechtet ins Wasser.

Hätten wir darum gebeten, sagen sich die Fünf

später, dieses Ereignis im Video festzuhalten, wären gewiss Tausende von Angeboten eingegangen. Denn das sind doch unwiederbringliche, eben seltene Konstellationen – das fahle Licht der Sonne, die nicht untergehen will, das schwarze, stille Wasser, durch die weißen Körper unvermittelt in Bewegung versetzt; junge, hüllenlose, ungeschminkte Frauen, die unter der Mitternachtssonne in Schweden ins ziemlich kalte Wasser eines von den Eiszeiten angelegten Pools springen. Alles, wonach ein gutes Video lechzt und nicht findet, aber braucht, um mehr als einmal angesehen zu werden.

„Wer hätte es machen sollen? Der Protokollant? Nein! Der hätte womöglich uns, die wir aus dem Wasser hüpfen, nicht nur von unserer hinteren, sondern auch unserer ebenso schönen vorderen Körperseite in Szene gebracht, am Ende sogar die vor Kälte bibbernden Gliedmaßen als typisch chaotische Bewegung ins Lehrbuch der Physik gesetzt."

Sonja: „Was reden wir? Wir haben doch Berel, und wenn ich mich nicht irre, ist sie schon dabei, eine Skizze von uns Nixen im Wasser anzufertigen."

Da weder die Videoaufnahme noch ein vielversprechendes Abendessen stattfinden, begnügen sie sich mit trockenem Brot und Wasser aus dem Brunnen und begeben sich nach kurzer Plauderei geradewegs ins Bett. Und da sie inzwischen daran gewöhnt sind, dass auch die Nacht beleuchtet ist, und außerdem alle rundherum bei guter Gesundheit sind, schlafen sie fast augenblicklich ein. Und wachen erst auf, als Sonjas Mundharmonika ertönt.

Neutralität. Toilette bei Morgenröte. Es ist sieben Uhr, und die Sonne steht fast schon im Zenit. Eine nach der anderen schöpft das ziemlich kalte Wasser aus dem Brunnen und wäscht damit die Müdigkeit aus den Augen. Die Sonne blendet, keine Wolke schwebt am Himmel oder schwächt die Strahlung. „Welch ein Glück, dieses Wetter!" sagt Venja, und die anderen schließen sich dem an. „Welch ein Glück", kommt es von einer nach der anderen.

Genia beschäftigt seit geraumer Zeit die Frage, warum Schweden der NATO beigetreten ist.

„Berel, das wollte ich dich schon immer fragen, vielleicht hast du eine Antwort. Warum hat sich Schweden von der Neutralität verabschiedet? Wovor hat Schweden Angst? Ich war entsetzt!"

Berel: „Natürlich vor Russland. Die NATO bietet Sicherheit. Und es kann nicht außen vor bleiben, wenn alle Länder in der Nachbarschaft schon in der NATO sind. Also es gab da gewisse Zwänge.

Im Übrigen – Schweden war nie neutral. Weder im ersten, noch im zweiten Weltkrieg. Es war immer nah an England und den USA. Schon immer ein bedeutender Waffenexporteur. Aber es gab einen Olof Palme. Der war in den sechziger und siebziger Jahren Regierungschef in Schweden. Und der war eine Ausnahme – ein Mann der klaren Positionen, der den Vietnam-Krieg der USA und die Apartheit-Politik in Südafrika wie kein anderer verurteilt und bekämpft hat." Hält inne, überlegt und fährt fort:

„In diesen Zusammenhang gehört das Vietnam-Tribunal, das 1967 in Stockholm stattfand. Es wurde Anklage erhoben gegen die USA, und es ging um eines der dunkelsten Kapitel der Neuzeit: der Krieg der Amerikaner in Vietnam. Initiiert wurde das Tribunal von Bertrand Russell. Es diskutierten Schriftsteller, Juristen und Philosophen, alle vorwiegend aus Europa. Prominenter Teilnehmer war Jean Paul Sartre."

„Ein Bürgertribunal dieser Art fehlt heute, und es hätte viel zu tun", sinniert Tosca.

Venja: „Schweden ist nicht mehr das, was es unter Palme war. Man könnte weinen."

Sonja: „Kommen wir zum Klima, statt zu weinen."

Die Macht der Daten. Tosca: „Die zentrale Größe, die den Fortschritt der Klimaänderung misst, ist die Zunahme der globalen Mitteltemperatur. Ich denke, dass die Ermittlung dieser aus vielen Einflüssen zusammengesetzten Größe enorm schwierig sein muss."

Genia nickt zustimmend: „Um die globale Temperatur zu bestimmen, müssen Tausende, was sag ich, Zehntausende Messwerte aus allen Teilen der Erde erhoben werden. Das sind Temperaturen der Luft, gemessen über Land, Wasser, Eis, Gebirgen, Städten, Wald oder Wüste. Daraus wird ein zeitliches und räumliches Mittel errechnet. Davon wird ein Referenzwert, zum Beispiel die Temperatur der vor-

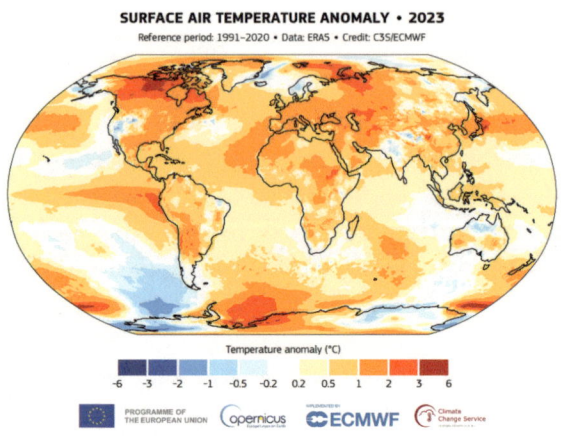

Änderung der Lufttemperatur 2023

https://climate.copernicus.eu/global-climate-highlights-2023

industriellen Zeit, abgezogen. Das Resultat ist also eine Differenz. Verfolgt man diese über die Zeit, bekommt man eine Zeitreihe, welche die jährlich beobachtete Änderung der globalen Temperatur anzeigt. So entsteht die bekannte Fieberkurve der Erde. Sie erstreckt sich über den Zeitraum von 1850 bis heute und zeigt einen Anstieg der Temperatur von fast 1.5 Grad. Ich zeige euch eine andere, sehr aktuelle Kurve, welche die großräumigen Unterschiede in der Erwärmung der Erde verdeutlicht."

Sie versammeln sich um Genia. Sie zeigt ihnen die Änderung der Temperatur über Land und Wasser im Jahr 2023.

„Auf der Abbildung erkennt ihr die Kontinente und Ozeane. Die Farbpalette reicht von dunkelblau (stark negative) bis zu dunkelrot (stark positive) Temperaturdifferenz. Ersichtlich ist es überall wärmer geworden, was global gesehen 2023 zu einem Temperaturanstieg von etwa 1.5 Grad geführt hat."

Venja, unterbricht: „Die Messungen sind Differenzen, worauf bezogen?"

Genia: „Wenn ihr ganz dicht herangeht, könnt ihr oben im Bild den Bezugszeitraum erkennen – er umfasst die Jahre 1991-2020. Die Meteorologen nennen die Differenzen auch gerne Anomalien, also Abweichungen von der Bezugsgröße."

Berel: „Vergegenwärtigt euch die Aufgabe! Was für ein Aufwand, um diese Zahlen zu ermitteln und sie zu einer Zeitreihe zusammenzufügen! Ich möchte da nicht am Werke sein, das wäre es nicht, woran ich arbeiten würde. Wie sind die Daten zustande gekommen?"

Genia: „Das lässt sich im Detail der Fachliteratur entnehmen. Ich empfehle vor allem die Seite des Copernicus Programms der EU. Dort gibt es zahlreiche, höchst instruktive Bilder als auch eine Reihe verständlicher Animationen. Diese hier (sie zeigt auf die URL) habe ich für uns aufgeschrieben, für später, wenn wir wieder in Freiburg sind."

Sonja: „Ich bin eine Zweiflerin, wie ihr wisst, und frage danach, wie vertrauenswürdig die Daten sind. Die aktuelle Erwärmung, global etwa 1.5 Grad, wird bisweilen sogar auf die zweite Stelle hinter dem Komma angegeben. Wie sinnvoll ist das? Wie groß ist der Fehler? Ich erinnere mich nicht, davon im Fernsehen, das gerne ähnliche Kurven präsentiert, je etwas gehört zu haben. Oder habe ich da nur nicht aufgepasst?"

Venja: „Ich sehe schon, dass wir unsere Treffen auf unbestimmte Zeit verlängern müssen. Die Anzahl der Themen, die noch vor uns liegen und den Zustand der Welt beschreiben, reißt nicht ab, nimmt eher zu. Jetzt sind wir bei den Daten, auf denen eigentlich alles basiert. Sind verunsichert, weil wir deren Verlässlichkeit nicht einschätzen können. Die Berechnungen der Versicherungen und Banken, die Programme der Politiker, die Entscheidungen der Unternehmer, Bildungs-, Verkehrs- und sonstige Systeme, sie alle gründen, wenn sie vernünftig sind, ihre Entscheidungen mehr oder weniger auf den Zahlenwerken der Statistiker. Umso wichtiger ist die Angabe des sogenannten Vertrauensbereiches, der die Abweichung des meist unbekannten Mittelwerts nach oben und unten einhegt."

Sonja: „Schon wieder ein neuer Parameter. Ich erinnere mich dunkel an die Statistik-Vorlesungen im Fachbereich Politikwissenschaft, die regelmäßig nur von wenigen verstanden wurden. Mit Hilfe von Spickzetteln und anderen kleinen Schummeleien sowie gewissen Erleichterungen seitens der Dozenten, die von einigen Studentinnen bezirzt, sehr ähnliche Aufgaben in der Übungsstunde vorgerechnet hatten, ist es uns gelungen, die Statistik- Klausur zu bestehen, ohne von der Statistik auch nur das Geringste verstanden zu haben."

Genia: „Dann wird es höchste Zeit, dass du jetzt beginnst, die einfachsten Grundbegriffe zu verstehen. Ich komme bei dir vorbei, dann lösen wir das Problem."

Sonja: „Sehr lieb, aber ich habe keine Zeit, ich muss meine Arbeit zu Ende bringen."

Berel: „Im Augenblick sind wir noch beim Klima. Unsere Debatte betrifft aber, wie Venja richtig sagt, alle möglichen Daten. Arbeitslosigkeit, Bruttosozialprodukt, Lebenserwartung, Krankenkosten, sexuelle Gewalt, unter vielen anderen. Wie valide sind die Daten? Dürfen wir den Zahlen vertrauen? In der Statistik gibt es die Standardabweichung und den Konfidenzbereich. Eine Zahl ohne die Angabe dieser Größen taugt nicht viel."

Genia: „Da gebe ich dir recht. Interessant wäre die Varianz. Die misst, wie ihr wisst, die Streuung der Daten um den Mittelwert. Denn diese dürfte im Fall der globalen Temperatur nicht gering sein, speist sie sich doch, wie schon von mir erwähnt, aus einer Vielzahl von sehr unterschiedlichen Quellen."

Berel: „Entschuldigung, liebe Leute, aber wer interessiert sich aus der Mitte der Bevölkerung für diese Zahlen?"

Genia: „Wenn du die gesamte Bevölkerung zulässt, setz ich 5%. Wie viel davon auf die Mitte entfällt, überlass ich eurer Phantasie."

Tosca: „Auf jeden Fall können wir als gesichert

betrachten, dass wir im Fernsehen nichts über die Unsicherheiten erfahren, mit denen die Klimadaten behaftet sind. Sollten sie so klein sein, dass sie der Erwähnung nicht wert sind? Oder ist es Spezialwissen, das der laienhaften Öffentlichkeit nicht zugemutet wird? Oder werden sie, um den Verschwörern keine Nahrung zu geben, geheim gehalten?"

Berel: „Nichts von dem, was du gerade aufgezählt hast, würde ich ausschließen. Die Verschwörer würde ich allerdings gerne außen vor lassen."

Venja: „Denken ist bei uns in alle Richtungen erlaubt."

Sonja: „Leute, ich bitte euch! Seid vernünftig. Venja hat Recht!"

Tosca: „Keine Frage: die öffentliche Berichterstattung ist auf Klimakatastrophe gebürstet. Nach allem, was die Daten hergeben, ist das ja auch nicht ganz falsch. Aber die Dramatik, die damit entfacht wird, die gefällt mir nicht. Erzeugt Angst, und Angst wiederum löst Kurzschluss-Reaktionen aus. Ich bleibe bei Klimaänderung. Das hört sich weniger dramatisch an. Schließt die Katastrophe nicht aus, aber rückt sie eher in den Bereich des Unwahrscheinlichen."

Unisono: „Stichwort Migranten..."

Berel: „Manche sagen, Migration sei auch eine Folge der Klimaänderung."

Tosca: „Ganz Europa ist betroffen, Deutschland zur Zeit besonders."

Berel: „Woran denkst du?"

Tosca: „Es gibt diese Verbrechen, das sind die Morde und Vergewaltigungen aus den Reihen der unbegleiteten Afghanen und Syrer. Die ereignen sich in größerer Häufigkeit, wenn verglichen mit den Einheimischen; es geht hier um die relative Häufigkeit, und die ist Anzahl der Delikte geteilt durch die jeweilige Population. Absolut gesehen, ist die Anzahl Verbrechen, die von dieser Bevölkerungsgruppe begangen wird, natürlich deutlich geringer als die Anzahl bei den Einheimischen. Hier wird oft unscharf berichtet. Dadurch entstehen falsche Erzählungen, die Menschen verunsichern."

Berel: „Oder von anderen genutzt werden, um ihre verzerrte Sicht der Angelegenheit zu verbreiten."

Sonja: „Ich fürchte, wir geraten jetzt in ein falsches Fahrwasser. Thema sollte die Klimaänderung sein. Ich glaube, wir brauchen dringend eine Pause."

Der Protokollant gibt nicht Ruhe, er muss etwas hinzufügen.

«Wenn es um das Mehr oder Weniger geht, da solltet ihr hartnäckig bleiben. Mehr Arbeitslose, weniger Verkehrsunfälle, mehr Einwohner, weniger Geburten, mehr Zuwanderer, mehr Straftaten, mehr Kranke, höherer Lohn. Wen befriedigt eine derartig ungenaue Darstellung? Das Mehr oder Weniger wird übermittelt von denen, die sich hätten erkundigen, hätten nachfragen müssen: die Redaktionen von Fernsehen, Rundfunk und Zeitungen. Oder will die Mehrheit es gar nicht wissen, genügt dem Publikum ein Mehr oder Weniger, egal, ob es sich um hauchdünne oder haushohe Veränderungen handelt? Dass es geht, zeigt das Meinungsbild vor den Wahlen – dann wird eine Zahl mitgeteilt, und der Rang in der Konkurrenz angegeben. Außerdem werden Hinweise gegeben, wie diese Zahlen zustande kommen. Das ist doch schon was.»

Haferflocken und Hibiskus. Im Eifer des Gefechts wurde das Frühstück vergessen. Es ist knapp und karg. Andernorts, vor allem in Nobelherbergen, gerät das Frühstück zum dominierenden Teil der täglichen Nahrung. Dort wird alles angeboten, was die Menschheit zu essen beliebt. Bei den Fünf ist diesmal Schmalhans Küchenmeister. Man zehrt von der Tüte Haferflocken, die von dem schwedischen Reisebüro als kleines Extra zugefügt worden ist. Sie werden mit Brunnenwasser aufgekocht und dem hellen Sirup aus Ahornsaft gesüßt. Auch der Sirup gehört zu den Extras und ist, angesichts seiner enormen Steifheit, wohl schon seit Jahren Teil des Inventars. Überraschender Fund: eine heile, volle Flasche Wodka aus Finnland. Genug für ein Schlückchen für jede, bevor es ins Bett geht. Doppelstöckige Betten ohne Leiter. Das obere Bett kann nur durch einen geschickten Aufschwung erreicht werden.

„Wir werden hier abnehmen. Wenn wir wieder zu Hause sind, werden es mindestens zwei Kilo weniger sein."

„Das können wir gerade noch verkraften."

Berel: „Ich nicht! Ich werde abgemagert nach Hause kommen."

„Wenn das so ist, bekommst du eine Extraportion Haferflocken."

„Danke, die hängen mir jetzt schon zum Halse heraus."

Zu den Haferflocken gibt es Tee aus einer Früchtemischung, deren Hauptbestandteil der Hibiskus ist. Das macht den Tee schön rot. Außerdem eine Scheibe Brot mit Butter. Die Butter haben sie mitgebracht und in einer speziell konstruierten Tasche transportiert, die auf dem Marsch durch die Wälder stets neu gekühlt werden musste. Aber da das Land kleinere und größere Bäche im Überfluss hat, deren Temperatur kaum je die zehn Grad überschreitet, gab es mit der Kühlung kein Problem. Außerdem hatten sich die Fünf verpflichtet, dass jede von ihnen einen ganzen Laib Brot im Rucksack mitführt. Angesichts der Knappheit des Brotes einigen sie sich darauf, dass pro Tag nicht mehr als ein Halbes bis maximal ein Dreiviertel eines Laibes verzehrt werden darf. In der Absicht, die Entbehrungen zu relativen, die eine derart gering bemessene Verpflegung verursacht, mahnt Genia, dass sie eigentlich froh sein sollten, sie hätten es doch gut, es gäbe Situationen, die seien deutlich schlechter, und auch die könnten mit der richtigen Einstellung überwunden werden. Genia erinnert sich an die Geschichten aus dem Krieg, als die russischen Soldaten zeitweilig mit einer Scheibe Brot pro Tag auskommen mussten.

„Meine Großmutter hat mir das erzählt. Sie war

arm und lebte auf dem Land. Russische Soldaten kamen bei ihr vorbei und bettelten um eine Scheibe Brot. Ungeachtet der spärlichen Verpflegung kämpften sie um jeden Meter Boden. Meine Großmutter hatte den Wodka im Verdacht, der ihnen nicht in Form von Millilitern sondern Dezilitern vor dem Kampf verabreicht wurde, um so ihren Wagemut zu befeuern. Ich habe unlängst die zwei Bücher von Wassili Grossman Seite für Seite verschlungen. Ich empfehle davon *Leben und Schicksal*. Es erzählt den Kampf der Sowjetunion gegen die Invasoren aus Nazideutschland. Nichts wird auf den zweimal zwölfhundert Seiten ausgelassen, auch nicht die Grausamkeiten in den sowjetischen Straflagern."

Sonja verstärkt. „Wenn wir uns bewusst machen, dass ukrainischen Soldaten, die in russischen Gefangenenlagern auf ihre Befreiung hoffen, dem Vernehmen nach oft nicht mehr als eine halbe Scheibe ungenießbares Brot pro Tag bekommen, dann ist unser Essen hier geradezu fürstlich." Bei den drei anderen kommt weder die Einlassung von Genia, noch die von Sonja, gut an. Der Griff in die Kiste der Grausamkeiten helfe ihnen nur wenig, sagt Venja, außerdem sei sie empört, die von den Fünf doch wohl selbstgewählte Knappheit mit den Zuständen in Stalins Reich, achtzig Jahre zurück, in Zusammenhang zu bringen. Das sei natürlich nicht beabsichtigt, verteidigt sich Genia, sie wolle doch nur sagen, wie gut sie es im Grunde hätten, dies hier sei eine vorübergehende Episode, glücklicherweise, während es in der

Sowjetunion zu jener Zeit schreckliche Realität war. Sie sagt:

„Vielleicht tut es sogar gut, einmal ganz konkret Knappheit zu erleben und nicht nur darüber zu reden."

„So hat meine Großmutter auch gesprochen, Jahrgang zweiunddreißig, wenn bei uns anlässlich des Kindergeburtstags Kuchen und zuckersüße Limonaden den Tisch zum Biegen brachten", sagt Sonja.

Das löst Heiterkeit aus, die jedoch schnell wieder verfliegt. „Weit und breit keine Möglichkeit, die Verpflegung aufzubessern! Nicht einmal Fische enthält unser Teich. Aber das wussten wir doch, hatten das Gewicht des Rucksacks auf zehn Kilogramm begrenzen wollen, angesichts der Entfernungen, die zu Fuß zurückgelegt werden mussten", erinnert Venja. Um all den üblichen Luxus mitzuschleppen, hätten sie eines Trägers bedurft, wie das in Nepal üblich zu sein scheint, wirft Genia ein. Zweifel werden laut, ob die Jahreszeit die richtige sei; Helligkeit den ganzen Tag, schön und gut, aber echt zünftig wäre es doch erst im September, wenn die Pflanzen Farbe annehmen und die dann reifen Beeren mit roter und blauer Farbe auf sich aufmerksam machen. In Hülle und Fülle gesammelt und verzehrt werden könnten. Ja, unter solchen Umständen wären sie sogar bereit, wie ihre Vorfahren vor zehntausend Jahren, sich ganz allein von Beeren und Pilzen zu ernähren. Man sieht sich an. Weiß, dass das nicht stimmt. Man schweigt. Es kriselt gewaltig. Das wird vorübergehen, wissen sie aus Erfahrung. Warum es also nicht kriseln lassen? Krisen können heilsam sein, aufgestaute Konflikte lösen.Vorausgesetzt, sie enden nicht in Streit und gegenseitigen Vorwürfen.

Heroine des Klimas. Tosca findet zurück. „Sehen wir uns Daten, ganz allgemein, genauer an, ihr Lieben. Aus dem, was bisher gesagt wurde, schließe ich: wir sind unzufrieden mit der Präsentation von Daten; wir wollen validierte Angaben."

Tosca: „Etwas in dieser Richtung geschieht, wenn die Temperatur-Vorhersage angezeigt wird, die sich über drei Tage erstreckt."

Berel: „Wie das?"

Tosca: „Die Temperatur für die nächste drei oder vier Tage wird gelegentlich durch drei Linien dargestellt, wobei die mittlere die wahrscheinliche Entwicklung, während die obere und untere Kurven den Bereich abstecken, in dem die Temperatur von der Mittellinie abweichen kann."

Venja: „Das gilt ausschließlich für die Drei-Tages-Vorhersagen. Bei aktuellen Angaben zu den gemessenen monatlichen Mittel-Temperaturen, zum Beispiel für Deutschland, kann ich mich an ähnliche Darstellungen nicht erinnern."

Tosca: „Ich habe den Eindruck, da hat sich etwas geändert. Nicht die globale Erwärmung bereitet die größten Sorgen, sondern die möglicherweise damit einhergehenden globalen Änderungen des Wetters."

Berel: „Ganz genau. Und schon sind wir bei den

146

extremen Ereignissen. Wenn wir darüber reden, kommen wir an Friederike Otto nicht vorbei. Sie ist Begründerin der *Attributionswissenschaft.*"

Tosca: „Wie bitte?"

Berel: „Ja, so ist es. Soll im konkreten Fall nichts anderes heißen, als Zusammenhänge zwischen Unwetter und Klimawandel herzustellen. In der Statistik spricht man von Korrelationen."

Venja: „Der Titel ist allerdings hochtrabend, Klappern gehört zum Handwerk. Ottos Forschung und anderer, die in ähnliche Richtung arbeiten, ist dennoch wichtig. Schließlich geht es um die Frage, ob der Klimawandel für die zahlreichen Wetterextreme verantwortlich ist, die in den letzten Jahren mit scheinbar zunehmender Heftigkeit, vor allem aber Häufigkeit, die Menschheit erschüttern."

Der Protokollant ergänzt:

«Zusammenhänge zu finden ist fester Bestandteil jeder Wissenschaft. Im Zeitalter der Epidemiologie untersucht man zum Beispiel die Assoziation von Lungenkrebs und Rauchen. Bekanntlich ist die Sterblichkeit von Menschen mit Lungenkrebs weitgehend auf das Rauchen zurückzuführen. Das attributive Risiko der Exponierten beträgt mehr als 90%. Was nicht heißt, dass alle Raucher mit ziemlicher Sicherheit Lungenkrebs bekommen. Aber wenn sie daran leiden, dann kommt er mit Sicherheit vom Rauchen. Allerdings, und dies als Hoffnung für alle, die dem Rauchen nicht entsagen können: eine Assoziation, auch wenn sie statistisch signifikant ist, ist nicht notwendig auch kausal.»

Venja: „Frederikes Arbeiten gehen über eine rein statistische Betrachtung hinaus. Sie erzeugt ihre Statistik aus Klimamodellen. Aber ihr Buch *Wütendes Wetter* hat mir gar nicht gefallen; da geht alles durcheinander, es mangelt an klarer Linie. Ihr Modell ist dürftig in der Darstellung, ihr fehlt erstaunlicherweise die Gabe der guten Gliederung und präzisen Formulierung."

Tosca: „Kennst du sie? Ich meine, duzt du sie gar schon?"

Venja: „Würde ich Otto sagen, kommen wir durcheinander. Sie ist eher eine Friederike."

Berel: „Und was für eine. Angesichts der vielen Bilder, die sie von sich hat machen lassen und im Internet zu besichtigen sind, mit stets einem etwas anderen Ausdruck und einer anderen Perspektive des Kopfes, könnte sie auch als *Model* durchgehen."

Venja: „Apropos Karriere: Was mich fasziniert, sind weniger ihre Arbeiten, davon verstehe ich zu wenig, als ihr geradezu kometenhafter Aufstieg. Preise und Ehrungen schon in jungem Alter zuhauf. Arbeitet an renommierter Stelle, dem Imperial College, und verfügt vermutlich über einen ordentlichen Batzen an Forschungsgeldern."

Tosca: „Sie ist eines der immer zahlreicheren Beispiele, was Frauen heutzutage in Wissenschaft und Forschung zu Stande bringen. Welche Voraussetzungen sind gefordert?"

Sonja schaltet sich ein: „Unerschütterliche Selbstgewissheit, brennender Ehrgeiz, gigantisches Arbeitspensum, überragendes Kommunikationstalent und in Lichtgeschwindigkeit nach den Sternen greifen."

Tosca: „Ein für Wissenschaftler ungewöhnliches Verhalten habe ich bei ihr ausgemacht: Sie will raus aus dem Elfenbeinturm, rein in soziale Anteilnahme und leidenschaftliche Anklage. Habe ich sie richtig verstanden? Offenbar will sie die Schuldigen der Wetter-Extreme finden und diese ihrer *gerechten* Bestrafung zuführen. Ja, unglaublich. Hat sie sich zu viel vorgenommen? Bin gespannt, ob sie Ihr Renommee aufrecht erhalten kann."

Berel: „Als Detektivin? Agentin in Sachen Klimagerechtigkeit?"

Venja: „Als Wissenschaftlerin, die solch engagierte Einstellung öffentlich macht."

Genia: „Sind wir neidisch?"

Tosca: „Ehrlich gesagt – irgendwie schon. Auf jeden Fall zeigt sie, wie es gehen kann. Sie setzt auf den richtigen, den modellbasierten Ansatz. Er unterscheidet sich wohltuend von den zum Teil waghalsigen Verlautbarungen von Politik und Medien."

Berel: „Du hast die öffentlich-rechtlichen Wetterfrösche vergessen. Die machen das auch!"

Genia: „Worum handelt es sich, genau genommen, bei diesen Fröschen?"

Berel: „Das weißt du doch! Das sind die Meteorologen vom Dienst."

Genia: „Die Meteorologen, alias Wetterfrösche, erzählen, wenn es um die jüngsten Überschwemmungen geht, die Geschichte von der wärmer werdenden Luft, die gemäß des exponentiell zunehmenden Sättigungsdampfdrucks mehr Wasser halten kann. Das Wasser kommt vom Mittelmeer, das um mehrere Grad wärmer ist als im langjährigen Mittel. Das Ergebnis, zusammengefasst: Das Plus an Wasser in den Wolken erzeugt das Plus in der Niederschlagsbilanz. Das dürfte die Intensität des Ereignisses erklären. Andere Einflüsse kommen dazu, die vielleicht mit der allgemeinen Erwärmung nichts zu tun haben. Da ist zum Beispiel die andauernde, unverrückbare Lage von Hochs und Tiefs, die für stabile Verhältnisse, also auch für lang anhaltenden Regen sorgen können. Dieser Umstand könnte auf die Dauer des Ereignisses Einfluss haben. So weit, so gut. Bleibt das weitgehend ungelöste Problem, warum das Extremereignis an diesem Tag und an jenem Ort zuschlägt. Was für eine eventuelle Alarmierung von größter Bedeutung ist!"

Tosca, traurig: „Ach ja, die Alarmierung. Die richtige und die falsche, die vorsorgende und die verwirrende, die Leben rettende und die unnötige Angst auslösende. Dazu gibt es Geschichten... damit ließe sich ein ganzer Nachmittag verbringen. Ich denke an *Aquila*. Als 2009 durch ein Erdbeben hunderte Menschen ums Leben kamen... sie hätten gerettet werden können, wenn alarmiert worden wäre. Die Wissenschaftler waren überzeugt, dass nichts Schlimmes passieren würde. Sie ließen nicht eine Spur von Zweifel aufkommen. Lehnten jegliche Form von Vorsichtsmaßnahme als Irreführung der Bevölkerung ab."

Sonja: „Ich erinnere mich. Die falsche Vorhersage, die fatale Konsequenzen haben kann. Aber wir können nicht alle Probleme der Welt behandeln. Ich bin bei unserer Zukunft. Nachdem wir über die Klimaphysikerin und ihre Karriere so viel Kluges geäußert haben, stellt sich einmal mehr die Frage, wie es mit uns weitergeht."

Unbehagen kommt auf. Die Fünf sind mit ihrer Doktorarbeit beschäftigt. Alle möchte gern weiter in der Forschung tätig sein. Alle wissen: Jede von ihnen muss so gut sein, dass, wenn ihr Name genannt wird, bei den führenden Wissenschaftlern der Groschen fällt. Alles ist verloren, wenn diese erstaunt den Nachbarn fragen, ob dieser wisse, um wen es sich denn handele. Sie müssen es zu einem eigenen Markenzeichen bringen. Ob sie das schaffen? Reichen Begabung und die Fähigkeit zur Selbstinszenierung? Werden sie den Ellenbogen ausfahren, wenn es geboten ist? Werden sie gegen die Konkurrenz, der männlichen zumal, bestehen können?

Venja hat recherchiert und einige interessante Einzelheiten über Friederike Otto herausgefunden.

Friederike Otto, Studium der Physik und Philosophie, nennt sich Klimaphysikerin. Zahllose Ehrungen, darunter 2021 von der Zeitschrift *Nature*: eine von zehn Personen, die die Wissenschaft 2021 besonders geprägt haben. Im *Time-Magazine* steht ihr Name in der Liste der hundert einflussreichsten Menschen. Zwei Bücher sind mit Preisen versehen;

aktuell ist sie Professorin im Imperial College; natürlich auch Leit-Autorin beim International Panel of Climate Change (IPCC), Umweltpreis 2023, gerade mal knapp über vierzig, und schon reich dekoriert.

Extreme Ereignisse. Der Protokollant will über Ereignisse der besonderen Art informieren: es sind die Extremereignisse. Wie lassen sie sich charakterisieren? Wie geht die Wissenschaft, wie die Gesellschaft damit um? Welche Fortschritte gibt es bei der Suche nach Ursachen für aktuelle Extremwetterlagen?

«Extreme Ereignisse werden durch ihre Dauer, Häufigkeit, Intensität sowie räumliche und zeitliche Ausdehnung charakterisiert. Unter die natürlichen Extreme fallen Erdbeben, Vulkanausbrüche, Waldbrände, Taifune/Hurrikans, Überschwemmungen... Künstliche Extreme werden von Menschen verursacht, wie zum Beispiel Kriege; oder sind Folgen von Technikversagen, die großräumige Defekte bei der Strom- und Wasserversorgung der Städte, Einsturz von Gebäuden und Brücken, Zusammenbruch von Bahn- oder Straßenverkehr hervorrufen... Allen Ereignissen ist gemeinsam, dass sie ein hohes Maß an Unsicherheit enthalten. Fragen nach dem wann, wo, wie lange und wie stark können in vielen, vermutlich sogar den meisten Fällen nicht oder nur unzureichend geliefert werden können. Daran wird auch die *KI* aller Voraussicht nichts ändern, selbst wenn ihr inzwischen magische Kräfte zugeschrieben werden.

Droht ein Extremereignis, stellt sich stets die Frage der Verwundbarkeit der Bevölkerung, des bebauten Landes, der technischen Anlagen. Vor allem aber auch um die Widerstandskraft der Gesellschaft. Es geht um Vorsorge und Vermeidung. Die Wissenschaft beschäftigt sich mit der Dynamik solcher Ereignisse; sie erfindet Verfahren, um die Vorläufer der Ereignisse zu identifizieren und daraus deren Eintrittswahrscheinlichkeit zu errechnen; auch versucht sie, die Folgen der Ereignisse zu antizipieren. Die Ergebnisse der Wissenschaft werden von vielen Institutionen genutzt. Staatliche Organe, wie Katastrophenschutz und technische Hilfswerke, stehen bereit, die Wirkung der Ereignisse zu mildern; Versicherungen werden die damit verbundenen materiellen und finanziellen Verluste abfedern, Rückversicherer werden die Kosten der Versicherer mindern.

Aktuell sind es vor allem meist kurzlebige Wetterextreme, darunter Tsunamis, Tornados und Starkniederschläge, die großräumige Überschwemmungen hervorrufen können. Das sind Ereignisse, welche die Welt in Atem halten. Es scheint sich die Annahme zu verdichten, dass diese mit zunehmender Erwärmung häufiger und mit höherer Intensität auftreten. Da unbestreitbar die Klimaänderung von Menschen gemacht wird, eröffnet das andererseits die Möglichkeit, dass Menschen die Erwärmung aufhalten, auf lange Sicht sogar rückgängig machen: Fossile Energie wird durch nachhaltige Energie (Sonne,

Wind, Wasser und Biomasse) ersetzt werden. Dann könnten, sofern die allgemeine Erwärmung den Zuwachs an extremen Ereignisse regiert, bei abnehmender Erwärmung die Ereignisse in Zahl und Wirkung rückläufig sein.

Die Erforschung der Wetterextreme hat inzwischen Fahrt aufgenommen. Friederike Otto, Physikerin, versucht anhand einiger gut dokumentierter Extrem-Wetterlagen nachzuweisen, dass diese durch die weltweite Erwärmung ausgelöst, zumindest aber dadurch verstärkt worden sind. Dazu lässt sie zwei Klimamodelle gegeneinander antreten, das eine (A) mit hoher, das andere (B) mit geringerer (vorindustrieller) atmosphärischer CO_2-Konzentration. Dann startet sie die Modelle mit verschiedenen Anfangsbedingungen und erhält so ein Ensemble von Zuständen, aus denen Wahrscheinlichkeiten für das Auftreten der Extreme errechnet werden können. Und siehe da: Modell A erhöht die Eintrittswahrscheinlichkeit der registrierten Extremereignisse , wenn verglichen mit Modell B. Bei anderen Ereignissen zeigen A und B dagegen keinen Unterschied. Wurden auf diesem Gebiet weitere Fortschritte erzielt?»

Unmittelbar dazu kann der Protokollant keine Auskunft geben. Immerhin ist er schon seit etlichen Jahren raus aus dem Geschäft. Er sagt: «Die Ergebnisse sind interessante Hinweise, dass Klimaerwärmung und extreme Wetterlagen miteinander in Zusammenhang stehen. Weitere Aufklärung ist notwendig. Forschungsprogramme sollten vermehrt auf diese Thematik angesetzt werden.»

Hochwasser Ahr. Venja: „Dann lasst uns doch mal das Extremereignis schlechthin diskutieren, das Deutschland 2022 heimgesucht hat – das Hochwasser der Ahr. Wie ich erfahren habe, wird das Wasser der Ahr aus einem Gebiet von sage und schreibe neunhundert Quadratkilometern gespeist. Es strömt über eine Länge von achtzig Kilometer, durch zum Teil steil aufstrebende, mit Wein bepflanzte Erhebungen linksseitig dem Rhein entgegen. Die Ahr erreicht ihn etwa dreiunddreißig Kilometer südlich von Bonn. Das Ereignis im Juli 2022 hat sehr vielen Menschen das Leben gekostet und enorme materielle Schäden angerichtet. Es ist bis dato vermutlich die folgenreichste Katastrophe des seit Jahrhunderten von Katastrophen heimgesuchten Ahrtals. Schnell wurde die Erwärmung des Klimas zum Verursacher gemacht. Das Versagen von Politik und Behörden wurde bagatellisiert. Wenig diskutiert wurde der Tatbestand, dass Starkregen und Hochwasser ein oft wiederkehrendes Ereignis im Ahrtal sind."

Wenn Venja redet, hat sie die Angewohnheit, dabei ihre Finger abzuzählen, stets erst links, dann rechts. Daran haben sich die anderen gewöhnt, jedenfalls wird darüber weder geredet noch gerätselt. Denn bei genauer Betrachtung hat jede der Fünf gewisse, charakteristische Angewohnheiten beim Sprechen. Sonja zum Beispiel wendet ihr Haupt gen Himmel, wenn sie besonders nachdrücklich werden will, Tosca rollt die Augen, wenn sie in Rage kommt, Genia bringt ihre Ungeduld dadurch zum Ausdruck, dass sie mit den Füssen den Boden bearbeitet, und Berel ordnet ihr Haar, wenn sie Wichtiges mitzuteilen hat, obwohl es bereit wohlgeordnet ihr Haupt umschließt.

Genia: „Seid skeptisch, wenn die Fernseh-Frösche auftreten! Die machen aus jedem Wetter, das Grenzen sprengt, sich unbotmäßig verhält, eine Folge des Klimawandels. Dabei gilt es zunächst eine Reihe von Problemen zu klären: Was macht den Niederschlag zum Extremereignis? Wie sieht es aus mit der Statistik? Extreme sind rar – Statistik funktioniert aber nur, wenn es viele Beispiele gibt, aus denen dann eine Häufigkeitsverteilung konstruiert werden kann. Also hier gibt es eine Schwierigkeit. Ich habe dazu einen klitzekleinen Vortrag ausgearbeitet."

„Prima. Gerne. Darauf haben wir gewartet. Bitte, leg los", so kommt es von den Vier.

Statistik der Rekorde. Genia, ohne Laptop: „Die Körpergrößen der Menschen oder Fehler bei Messungen, zum Beispiel, sind Gauß-verteilt. Auf der x-Achse wird die Größe, auf der y-Achse die dazugehörende Häufigkeit angezeigt. Die sich daraus ergebende Kurve ist bekanntlich die Gaußkurve. Zur Erinnerung: Friedrich Gauß war der wohl bedeutendste deutsche Mathematiker. Er interessierte sich sowohl für die theoretische wie auch für die praktische Mathematik. Das ist angesichts der heutigen Spezialisierung unvorstellbar. Zurück zur Gaußkurve. Sie hat die Gestalt einer Glocke: es gibt ein Maximum, und links und rechts davon geht die Kurve exponentiell gegen Null; soll heißen: ganz kleine oder ganz große Längen sind nahezu ausgeschlossen. Anders verhält es sich zum Beispiel bei dem täglichen Niederschlag. Da gibt es einen nicht vernachlässigbaren Anteil, der sehr hohe oder sehr kleine Niederschlagsraten aufweist. Für diese Rand-Bereiche gilt eine andere Statistik mit einer anderen Kurve. Das ist auch bei den Einkommen der Bevölkerung eines Landes der Fall."

„Seid ihr noch dabei?"

„Wir brennen darauf, das nächste Kapitel zu hören."

„Ach, ihr seid hässlich. Soll ich aufhören?"

„Im Ernst, wir warten auf die Fortsetzung. In dieser Zusammenstellung haben wir die Extrema noch nicht kennengelernt."

Genia: „Extreme Ereignisse sind nicht nur selten, sondern meist auch kleinräumig. Es müssen folglich, um extreme Wetterereignisse nachzubauen, Regionalmodelle mit dem globalen Klimageschehen gekoppelt werden, was seine eigenen Schwierigkeiten hat. Die Ereignisse sind ja meist auch nur kurzlebig. All das erfordert eine hoch genaue räumliche und zeitliche Auflösung der Modelle.

Wie könnten die Folgen von extremen Wetterereignissen gemildert, womöglich sogar vermieden werden? Wie dem Starkregen, der über längere Zeit anhält, und mit Gewittern durchsetzt ist, begegnet werden?

Es gibt mehrere Möglichkeiten. Die wohl wichtigste ist die Bebauung. Bauten von Häusern in Flusstälern waren schon immer bedroht von Hochwasser. Es gab im Ahrtal massenhaft Baugenehmigungen ohne Berücksichtigung der Natur. Die Versicherer waren viel schlauer – die haben solche Häuser nicht gegen Naturgewalten versichert. Übrigens: in der Schweiz darf in lawinengefährdeten Gebieten nicht gebaut werden.

Risiko-Abschätzungen sind notwendig. Aber beim Ahrtal gab es die nicht, oder sie wurden nicht ernst genommen. Wie könnte das gehen? Dreh- und Angelpunkt ist die Wahrscheinlichkeitsverteilung. Man definiert einen Schwellenwert und berücksichtigt nur solche Ereignisse, die diese Schwelle überschreiten. Die Pegelstände der Ahr sind relativ gut dokumentiert. Ihre Aufzeichnung reicht in günstigen Fällen über Jahrhunderte zurück. So erhält man eine Statistik für extreme Werte."

Jahrhundert Ereignis. Venja: „Was hat das mit einem Jahrhundertereignis auf sich? Davon wird zur Zeit viel geredet, ohne dass eine schlüssige Definition gegeben würde."

Genia: „Man errechnet auf der Grundlage der Extremwertverteilung eine Schwelle, einen Pegelstand zum Beispiel, der im Durchschnitt genau einmal in einem Jahrhundert überschritten wird. Der errechnete Pegel wird genutzt, um die Höhe der Sperrmauer des Rückhaltebeckens zu bestimmen, die ein hundertjähriges Hochwasser aufhalten kann. Im Ahrtal gibt es historische Aufzeichnungen zu Unwettern, die dem aktuellen recht nahe kommen. Sie wären die Grundlage für eine Statistik, aus der wie ausgeführt, entsprechende Baumaßnahmen hätten geplant und durchgeführt werden können. Um das Jahrhunderthochwasser zu entschärfen. Die Wasserämter haben diese Möglichkeiten offenbar nicht genutzt. Ganz klar eine Chance vertan, um die Katastrophe abzuwenden."

Sonja: „Ist die Extremwert-Statistik je erfolgreich gegen Hochwasser umgesetzt worden?"

Genia: „Durchaus. Die Holländer hatten, ich glaube es war 1953 oder 1954, ein katastrophales Hochwasser. Die Nordsee hatte weite Teile des Landes überspült. Da haben sie ihre Aufzeichnungen vorgenommen, eine Statistik daraus gemacht und damit die Höhe der Schutzmauer berechnet. Diese hat bisher ihren Dienst getan – sie hat alle Sturmfluten abgewehrt."

Venja: „Genia, fast möchte ich zu deinem Vortrag Goethes Faust sprechen lassen, ach was, ich sag's: *Das Unzugängliche, hier wird's Ereignis; das Unbeschreibliche, hier ist's getan...*"

Sonja: „Bravo Venja, Goethes *Unzulängliche* in *Unzugängliche* umzutaufen, das nenn ich genial."

Tosca: „Verbeugung! Das bemerkt zu haben..."

Genia, ein wenig erschöpft, lässt sich zurückfallen. Das Moos fängt sie auf. Ein Vortrag dieser Art in Schwedens Taiga, nördlich des Polarkreises, bei orangefarbenen Himmel, im Schein der nicht untergehenden Sonne: das ist ein sich wohl kaum wiederholendes, folglich einmaliges Ereignis. Ein positives Extremereignis. Ja, die positiven gibt es auch. Unnötig, sie aufzuzählen, denn an diesem kommt niemand vorbei: sechs mit Zusatzzahl sogar sieben richtige im Zahlenlotto.

Verlockungen. Mittsommer Nacht südwestlich von Kiruna. Am Ufer eines von der Eiszeit zurückgelassenen, namenlosen Teichs sitzen die Fünf in dieser Anordnung: Links Genia, rechts Tosca; dazwischen von links nach recht: Sonja, Venja und Berel. Die tiefstehende Sonne beleuchtet ihre linke Körperhälfte, zeichnet Schatten von Kopf, Hals und Brust, in Form und Ausdruck Glücksfälle der Natur, es hätte auch anders ausgehen können.

Weit nach Mitternacht. Die anderen schlafen, Berel tastet sich an Genias Bett; Genia hat den Schlafsack als Decke über sich ausgebreitet. Berel ist von Genias Weiblichkeit angezogen, kann nicht widerstehen, sie beugt sich und küsst Genia auf den Mund, Genia überrascht, wie das? Hast du mich mit deinem Liebsten verwechselt? Berel verlegen, sie sei ihr grad in diesem Augenblick so schön und begehrlich vorgekommen, sie hätte sich nicht zurückhalten können; es sei noch nie vorgekommen, sie sei doch, wenn überhaupt, an Männern interessiert, aber jetzt sei es eben ganz anders gekommen, entschuldigen würde sie sich. Aber nein, das sei nicht nötig, erwiderte

160

Genia, im übrigen hätte es auch ihr gefallen, das täte ihrer Neigung zu Männern keinen Abbruch, eine neue Erfahrung, so ein Kuss von einer hübschen Frau, einer Freundin zumal, sie hätte fast Lust auf einen weiteren Kuss. Und so kommt es zu weiteren, mit der Zeit intensiveren Küssen, und am Ende müssen beide lachen, ob aus Verlegenheit oder aus Erregung, vermag der Protokollant nicht zu entscheiden. Jedenfalls erklären sie die Angelegenheit zum Spiel, einmalig, nicht wiederholbar, und die Leidenschaft, die zwischendurch aufgeflammt ist, als eine nicht zu leugnende, gleichwohl entschuldbare Verwirrung der Sinne, als Ursache käme, sehr naheliegend, die ihnen ungewohnte nächtliche Helligkeit in Frage, die bringe eben alles durcheinander; im übrigen läge es ihnen fern, mit Frauen etwas anzufangen, wie sie sagen; aber es hätte Verständnis geweckt, dass Frauen auch von Frauen bevorzugt würden, und das sei in Ordnung, würde ja auch in der gesellschaftlichen Debatte in vielen Ländern ganz oben auf der Agenda stehen. Nur wie gesagt, das würde sich nicht wiederholen, und vielleicht läge es tatsächlich an der Sonne, die nicht untergehen wolle, aber nicht am Mond, der sonst für so vieles verantwortlich gemacht werde. Was wiederum eine gewisse Heiterkeit in ihnen auslöst. Für Forschung dieser Art fehle ihnen die Neugier, noch mehr aber die Expertise. Und sehen sich ungläubig an – wie kann es sein, dass sie als aufgeklärte Wissenschaftlerinnen dem Aberglauben von Sonne und Mond anheim zu fallen drohn? Was eine andere, vielleicht die richtige Erklärung auslöst. Das viele Diskutieren sei vor allem Kopfarbeit, ohne irgendeine sinnliche Komponente, die würde in dieser Konstellation viel zu kurz geraten, hätte ihnen gefehlt, und so sei es dazu gekommen.

Ministry of the Future. Kaum sind alle aus dem Bett, einschließlich Berel, ist es Sonja, stets die erste am Morgen, die sagt: „Habt ihr gemerkt? Wir haben mit keinem Wort Bezug auf Robinsons *The Ministry for the Future* genommen, obwohl das verabredet war. Wer hat das Buch überhaupt gelesen? "

Nur Tosca und Sonja haben es gelesen; allerdings auch nicht Zeile für Zeile oder Seite für Seite. Aber zunächst soll gefrühstückt werden, wie karg das Angebot auch sein mag, aber besser, als direkt und ohne die Gedanken zu sammeln, mit dem Reden zu beginnen.

Tosca, nach dem Frühstück: „Das Buch von Kim Stanley Robinson... "

Sonja: „Darf ich dich kurz unterbrechen? Ich möchte ein paar Sätze zur Einordnung der Angelegenheit vortragen. Science fiction Autoren haben einen journalistischen Blick auf die Wissenschaft, sind so etwas wie der journalistische Arm der Zukunftsforschung. Die hat sich als Futurology einen festen Platz in den Gesellschaftswissenschaften erobert. Unter Zukunftsforschung wird auch das bekannte und schon erwähnte Buch von Meadows *The Limits of Growth* geführt. Wer mehr wissen möchte, konsultiere am besten ein weiteres Mal die *Britannica*."

Tosca: „Bevor Sonjas Literaturverzeichnis unverantwortliche Ausmaße annimmt, möchte ich fortfahren. Im Übrigen, liebe Sonja, hat Genia beim Treffen bei dir recht ausführlich über science fiction geredet, so auch über die *Limits*."

Sonja, spitz: „Wiederholung kann nicht schaden. Sie ist Nahrung fürs Gehirn."

Tosca: „Kann ich jetzt weitermachen? Also noch einmal von vorne. Das Buch startet mit dem Wärmetod von Millionen Indern. Somit stellt sich zwangsläufig die Frage, ob ähnliche Katastrophen vermieden werden können. Der stellt sich das Ministerium der Zukunft. Im Klimaabkommen wird beschlossen, eine Institution zu etablieren, die mit dem *IPCC*, dem International Panel of Climate Change und allen anderen Behörden weltweit zusammenarbeitet, um den Klima- und Artenschutz voranzubringen. Die neue Agentur wird *The Ministry for the Future* genannt und in Zürich *Zuriberg* in der Nähe der *ETH* und der großen Banken lokalisiert.

Im Buch werden zahlreiche Techniken in Szene gesetzt, die eine weitere Zunahme der Klimaerwärmung verhindern können. Auch ganz abstruse Ideen finden Robinsons Interesse. Davon will ich hier eine vorstellen. Es geht darum, den steigenden Meeresspiegel, der durch die Schmelze des Inlandeis verursacht wird, aufzuhalten. Immerhin gehen seriöse Schätzungen davon aus, dass sich alle zehn Jahre der Zuwachs verdoppeln wird, wenn es so weiter geht wie bisher mit der allgemeinen Erwärmung. Robinson lässt eine kleine Expedition zum Südpol aufbrechen. Als erstes versuchen die Glaziologen, Wasser aus dem Meer auf die Gletscher zu pumpen, um auf diese Weise den durch Schmelzwasser vermehrten Eintrag rückgängig zu machen. Sehr bald müssen sie sich der Macht des Faktischen beugen. Die Kosten eines solchen Projektes wären gigantisch und die Erfolgsaussichten gering. Da kommt ihnen eine andere Idee: das Eis am Südpol muss daran gehindert werden, ins Meer abzurutschen. Es muss sozusagen auf den darunter liegenden Felsen getackert werden. Aber wie? Indem man daran geht, das Wasser unter den mächtigen Eispanzern abzupumpen. Das Wasser bildet zwischen dem Fels und Eis eine Schicht geringer Reibung, auf dem das Eis ins Meer rutschen kann. Dazu müssen Bohrlöcher bis zum Grund gesetzt werden. Über diese wird das Grundwasser nach oben befördert und dort über die Eisfelder verstreut, wo es unmittelbar gefriert. Die Idee ist nicht schlecht, aber mehr als ein Versuch kommt auch dabei nicht heraus. Denn auch für dieses Projekt würde sich niemand finden lassen, der die immensen finanziellen Mittel bereitstellt. Ganz zu schweigen von den Schwierigkeiten, die beim Bohren der Millionen Eislöcher entstehen dürften.

Insbesondere hat Robinson Wirtschaft und Banken im Visier. Seine Visionen: Weniger Konsum, weniger Kapitalismus und mehr Vergesellschaftung. Die drohende Gefahr einer zu warmen Erde kann nur durch eine rigorose Änderung des Wirschaftens und Konsumierens abgewendet werden. Damit geht er weit über die sogenannte Energiewende hinaus, die der Westen sich zum Ziel gesetzt hat. Denn dort bleibt das Wirtschafts- und Bankensystem so, wie es ist – unerbittlich kapitalistisch. Doch für derart umstürzlerischen Ideen, so der eher pessimistische Ausblick, gibt es keine Mehrheiten."

Sonja: „Parallel zu der stark technologischen Seite des Buches läuft die menschliche. Im Mittelpunkt steht die Leiterin des Ministeriums. Sie ist beeindruckt von einem Aktivisten, der mit Gewalt den Systemwechsel herbeiführen will. Dem bringt sie, nicht ohne innere Konflikte, größtes Verständnis, sogar Zuneigung entgegen. Der Aktivist ist psychisch angeschlagen und wird gegen Ende des Buches von einer unheilbaren Krankheit dahingerafft. Ihn könnte man als den tragischen Helden des Buchs bezeichnen. Aber brauchte es überhaupt einen solchen?"

Tosca: „Diese Frage hat auch mich beschäftigt. Ich glaube nicht. Die Umstände waren es, die aus einem einzelgängerischen Aktivisten einen nicht ungefährlichen Fanatiker gemacht haben. Ja, es gibt Leute, die sich und andere in Gefahr bringen, aus dem unstillbaren Bedürfnis heraus, die Welt durch die eigene Aktion retten zu wollen. Aber insgesamt halte ich das Buch für ein fulminantes Werk, präsentiert es doch alle die Maßnahmen, praktikabel oder auch nicht, durch die das Klima gerettet werden könnte. Und das auf sehr eindringliche, kenntnisreiche, Kompromisse ausschließende Weise. Ich würde ihm auf Amazons Buchseite vier Sterne von den fünf möglichen geben.

Sonja: „Ich frage mich, ob es die deutschen Klimaaktivisten, darunter die wohlerzogenen Freitagsdemonstranten oder die ungezogene *last generation*, gelesen haben. Ich würde es mir wünschen."

Tosca: „Die *Greta* wird es gelesen haben. Aber es kann das eine oder andere, scheinbar zufällig ins Buch geratene, ohne Schaden überlesen werden. So könnte es bei den jungen Aktivisten, und nicht nur bei Obama und Anhängern, zum Bestseller werden.

Verkehrswende. Am folgenden Tag gibt es Nudeln, aber dazu eine Überraschung. Tosca öffnet ihren Rucksack und fördert Tortellini zu Tage, die mit rohem Schinken (*prosciutto di Parma*) gefüllt sind, vakuumverpackt. Und dazu ein großes Glas mit Preiselbeeren, die Beeren aus schwedischen Wäldern.

Berel: „Was hast du nur alles auf dem Rücken getragen, liebe Tosca! Wenn es dich nicht gäbe. Ohne Italien geht eben doch nichts auf dieser Welt."

Tosca: „Ja da staunt ihr. Ihr kennt Italien nicht. Es ist voller Widersprüche. Richtig, da gibt es die schwerfälligen, lauten und rechthaberischen Mamas, aber heutzutage auch die flinken, gut anzusehenden, erfolgreichen Sportlerinnen, die Goldmedaillen im Schwimmen, im Laufen, beim Ski und beim Lang-lauf gewinnen."

Sonja: „Und im Medaillen-Spiegel vor Deutschland stehen."

Heute ist das Stichwort Verkehr. Der produziert einen beträchtlichen Anteil am CO_2-Ausstoß. Man beziffert ihn auf rund 20-25%; Tendenz steigend.

Sonja: „Klimawende ist auch Verkehrswende. Und mit der Verkehrswende muss auch eine Wende in der Stadtentwicklung in Angriff genommen werden. Und mit beiden ist eine grundlegende Änderung im Verhalten der Menschen verbunden. Keine dieser Aufgaben ist bisher ernsthaft in Angriff genommen worden. Und kaum jemand wird freiwillig zu einer Änderung der Lebensgewohnheiten bereit sein."

Tosca: „Für Veränderungen wären wohl Mehrheiten zu gewinnen, nicht aber, vom Auto zu lassen. Zu sehr haben sich die Leute, ob jung oder alt, Mann oder Frau, an das Auto gewöhnt. Es gewaschen, gehätschelt, regelmäßig zu den vorgeschriebenen Fristen auf Betriebsbereitschaft inspizieren lassen. Darüber oft sogar den eigenen Gesundheitscheck hintangestellt. So kam es, dass viele Autos länger als ihre Besitzer gelebt haben. Die sind bei jedem unbekannten Geräusch, das vom Motor oder Fahrgestell oder woher auch immer kommen konnte, zusammengezuckt und haben schleunigst die nächst beste Werkstatt angefahren. Wie stolz sind sie doch nach wie vor, ein besonders schnelles und voluminöses Exemplar ihr eigen zu nennen. Davon wird sie niemand abbringen können. Und wer kann es ihnen verden-

167

ken?"

Berel: „Der Elektromotor ersetzt den Verbrenner. Damit sinkt die CO_2 Belastung dramatisch. Ich bin für solche Autos. Vor allem: sie sind so leise, man hört sie nicht, man sieht sie nur."

Tosca: „Ist das die Wende im Verkehr? Oder der Wasserstoff getriebene LKW? Oder am Ende das Hybrid? Es kutschiert dem Vernehmen nach hauptsächlich mit fossilen Treibstoffen durch die Städte. Der eingebaute Elektromotor dient eher der steuerlichen Begünstigung, wird aber, so das Ergebnis von Nachforschungen, kaum benutzt."

Berel: „Auch wenn es schon ein alter Hut ist: das Auto bleibt nur dann in der Garage, wenn der Umstieg auf Bus und Bahn mit Zeit- und Ressourcen Einsparung lockt."

Venja: „Über den Straßenverkehr gerät oft der Luftverkehr aus dem Blick. Es wird mit zunehmender Tendenz geflogen. Vergessen wir aber auch hier nicht das Wasser. Seit Jahren boomt die Kreuzfahrerei, unter denen die Städte wie Venedig ächzen."

Tosca: „Oh, da sagst du etwas. Das ist für mich der absolute Horror. Diese Monster-Schiffe, die jedweden Luxus beherbergen, eine ganze Stadt im Angebot haben. Langeweile ausgeschlossen. Wer will, kann von morgens bis spät in die Nacht ein allumfassendes Angebot an Aktivitäten nutzen. Zurück in der Heimat, müssen sie sich wochenlang von dem Rummel auf der schwimmenden Stadt erholen. Das Meer ist groß, bietet Platz für ein Vor und Zurück, nach links oder nach rechts, ohne mit einem anderen Schiff zu kollidieren, es sei denn, der Kapitän heißt *Schettino*, der mit der *Costa Concordia* 2012 die Felsen der schönen Insel Giglio rammte. Und als das geschah, ist er geflüchtet und hat die Schiffbrüchigen ihren Schicksal überlassen. Und beim Verhör jedwede Verantwortung von sich gewiesen."

Genia: „Was ist mit dem Mann passiert?"

Tosca: „Wenn ich mich recht erinnere, sitzt er inzwischen wegen erwiesener Feigheit und Verantwortungslosigkeit in besonders schwerem Fall eine sechzehn Jahre währende Gefängnisstrafe ab."

Sonja: „Vom Kreuzfahrtschiff zum Elektrobike...

Berel: "Wenn das nur gut geht...'"

Sonja, unbeirrt: „Schwer ist es, das E-Bike. Aber leicht am Berg. Nichts für uns junge, kräftige Frauen, auch wenn es immer häufiger schon bei Kindern gesehen wird. Für die Älteren jenseits der sechzig bis siebzig hingegen ideal. Allerdings floppt es im Flachland, weil es nur geringe Geschwindigkeiten unterstützt, toppt dagegen in hügeligem oder gebirgigem Gelände, wo diese Begrenzung eher keine Rolle spielt. Wie zum Beispiel bei den Aufstiegen im bergigen Schwarzwald."

Irgendetwas liegt in der Luft. Unausgesprochenes? Aber sie sprechen doch, von Morgens bis Abends. Alle haben die vergangene Nacht nicht gut geschlafen, sind immer wieder aufgewacht. Venja ist gar aufgestanden und hat in der Nacht, die es im herkömmlichen Sinn hier gar nicht gibt, die unmittelbare Umgebung durchstreift, Bäume, Gräser und Moos, die auffällig gerundeten Felsbrocken, die unvermittelt dem Boden zu entspringen scheinen, untersucht und nichts Neues entdeckt, kein Tier weit und breit erspäht, keinen Elch, der an der Rinde knabbert, keinen Wolf, der seine Jungen aufzieht. Nur Ameisen, die selbst in der Nacht damit beschäftigt sind, einen erbeuteten Käfer ins Nest zu schleppen. Die Nachtwanderung währte folglich nicht lange, eher enttäuscht von der Leblosigkeit der Umgebung, hat sie unzufrieden wieder das Bett aufgesucht.

Zwiespältigkeit. Und Venja ist es auch, die als erste das Schweigen bricht, das beim Frühstücken über den Fünf lastet.

„Was machen wir hier eigentlich? Welche Absichten haben wir, hier und die beiden Male zuvor, in Freiburg und im Winter in der Berghütte? Wir reden über die Welt und ihre aktuellen Konflikte. Sitzen hier, statt uns auf den Weg zu machen, in Richtung Norwegen, um das Grenzgebirge zu erkunden. Oder in Gaza die Hungernden mit Essen zu versorgen. Was gehen uns die Probleme der Welt an? Warum arbeiten wir nicht an unseren Doktorarbeiten und bringen sie jetzt schnell zu einem erfolgreichen Ende?"

Tosca: „Warum heiraten wir nicht, bekommen Kinder und vergessen unsere Wissenschaften? Lassen sie den Mann machen. Wir suchen uns eine kleine, bescheidene, beschauliche Arbeit, damit wir noch etwas anderes erleben als Familie und Haushalt. Mit dem Lohn der Arbeit können wir das Einkommen auszugleichen, das durch die Kosten der Kinderbetreuung gemindert wird. Warum nicht so, warum denn anders? Liebe Venja, ich hab mir nicht ausmalen können, dass dich Zweifel von so hausbackener Art quälen."

Genia: „Nicht so, Tosca. Jede von uns darf ihre Gedanken und Gefühle äußern, ohne dafür verspottet zu werden. Das ist Teil unserer Freiheit, auf die wir uns verabredet haben. Im übrigen hat Venja ausgesprochen, was auch mich manchmal nicht ruhen lässt."

Tosca: „Die Frage steht: Was treibt uns an, warum reden wir miteinander? Warum reden wir über den Zustand der Welt? Ich sehe im Wesentlichen zwei Motive. Wir wollen mit vereinten Kräften die vielschichtigen Probleme der Gegenwart beschreiben, dann analysieren; schließlich erörtern, wie wir damit umgehen, was wir daraus machen. Aber das wissen wir doch alles, warum dann erneut diese Selbstvergewisserung?"

Sonja: „Wir machen es uns nicht leicht. Man sagt, wir seien mit komplexen Problemen konfrontiert. Das ist nichts Neues, sage ich, aber die Lösungen dazu, die hat noch kaum jemand gefunden. Vielleicht gelingt es uns?"

Berel: „Das ist das Prinzip Hoffnung. Ich bin dabei."

Sonja: „Lösungen finden wir nicht finden. Weder heute noch morgen. Wir nähern uns ihnen allenfalls. Aber es wird eine nicht zu überwindende Differenz bleiben."

Berel: „Halt! Seit wann bist du so pessimistisch?"

Sonja, verlegen: „Vielleicht habe ich heute einen ziemlich schlechten Tag. Der geht vorüber. Pessimismus macht stumpf. Ich muss auf der Hut sein. Manchmal glaube ich an gar nichts mehr. Auch das geht vorüber. Macht euch keine Sorgen. Ich bin ganz bei euch."

Genia: „Wir verfallen immer wieder in Trübsinn, weil es so schwierig ist, in einer Welt sich zu behaupten, die in entscheidenden Punkten anders funktioniert, als wir es uns vorstellen. Aber wir knicken nicht ein und wir versuchen, den Opportunisten die Stirn zu bieten. Wir stellen uns den Problemen und versuchen, damit zurecht zu kommen."

Sonja: „Wir sehen eine Welt, in der uns vieles nicht gefällt und lassen uns davon nicht einschüchtern, sondern versuchen, jeden Tag aufs Neue, unser Leben nach unseren Vorstellungen zu gestalten."

Genia: „Indem wir uns einige Meilensteine setzen – weniger zu verbrauchen, bewusster zu konsumieren, moralische Kategorien zu berücksichtigen!"

Tosca: „Wir sagen, was wir denken und fühlen. Wir praktizieren Meinungsfreiheit. Manchmal denke ich, es geht auch um Gewissensfreiheit."

Berel: „Was meinst du damit?"

Tosca: „Handele ich nach bestem Wissen und Gewissen? Darf ich frei über mein Gewissen entscheiden? Oder sind vom Staat, der Kirche oder dem Gesetz verhängte Normen einzuhalten?"

Berel: „Ich merke, uns fehlt eine Philosophin."

Tosca: „Die können wir so schnell nicht besorgen."

Berel: „Wir sollten Ausschau danach halten. Sie könnte eine wichtige Ergänzung zu unseren eher naturwissenschaftlich geprägten Anschauungen sein."

Venja, heiter und gelassen: „Ihr Lieben, alles, was ihr gesagt habt, kann ich unterschreiben. Wollte mich vielleicht doch nur vergewissern, dass ich auf der richtigen Seite bin. Hin und wieder überfallen mich Zweifel. Aber diese sind zum Glück vorübergehend; und ihr habt dabei geholfen, sie auszuräumen. Ich bin ganz bei euch!"

„Nach so vielen Bekenntnissen wird mir ganz blümerant", sagt Berel, die Hände vorm Gesicht.

Die selbstkritischen Äußerungen der Fünf aktivieren ein weiteres Mal den Protokollanten.

Les pensées. «Ich bitte um Nachsicht. Wer zwischen Himmel und Erde, Nord und Süd, Ost und West weiß schon alles? Oder verfügt über ein Wissen, das über das jeweilige Spezialgebiet hinaus in andere Gebiet reicht, wo doch das eigene zu erwerben ein ganzes Studium, mitunter sogar die gesamte Lebensspanne beansprucht hat? Die Fünf schmerzt, dass nicht nach außen wirken wird, was sie erörtern und beschließen; dass nicht gewürdigt wird, wie sehr sie um eine Meinung ringen und von Zweifeln und

Selbstzweifeln geplagt werden. Aber halt, rufe ich ihnen zu, ich sehe das positiv: schlussendlich obsiegt eure Klarheit und Entschiedenheit. Darf ich Blaise Pascal zitieren? In seinen *Pensées* hat mich ein Satz fasziniert, den ich in der Kulturgeschichte der Neuzeit gefunden habe, dem fulminanten Werk von Egon Friedell aus dem Jahre 1924: *Wir brennen vor Begierde, alles zu ergründen und einen Turm zu errichten, der sich in die Unendlichkeit emporreckt... Wir ersehnen die Wahrheit und finden nur Ungewissheit. Wir suchen das Glück und finden nur Elend... Aber unser Elend ist die Folge unserer Größe und unsere Größe ist die Folge unseres Elends.*

Das mit dem Elend hört sich übertrieben an, ihr werdet es richtig interpretieren, und schon versteht ihr, was Pascal damit ausdrückt. Ich halte eure Positionen für unmissverständlich und bedenkenswert. Nichts ist umsonst. Eure Gespräche und Auseinandersetzungen, Analysen und Ansichten, eure Vorlieben und Abneigungen werden sich in meinen Protokollen wiederfinden. Ihr könnt damit machen was ihr wollt, sie verinnerlichen, in Schatztruhen versenken oder öffentlich machen. Das ist allein eure Entscheidung.

Ach so, fast hätte ich es vergessen. Ich gehe zurück und bin wieder bei Blaise Pascal. Er sagte: *Man muss dreierlei sein. Mathematiker, Skeptiker und Christ.* Was mich betrifft, möchte ich sagen: Die beiden ersten Attribute könnte ich, wenn auch mit Abstrichen, für mich gelten lassen, das dritte definitiv jedoch nicht. In diesem Zusammenhang möchte ich den Doktorandinnen Bertrand Russells Buch *Why I am not a Christian* empfehlen.»

Zurück. Auf dem Weg zurück nach Kiruna. Sie brechen früher auf, als beabsichtigt. Wollen einer drohenden Wetterverschlechterung aus dem Weg gehen. Drei Tage hatten sie auf dem Hinweg benötigt, aber da ging viel Zeit verloren, um die Orientierung zu halten. Jetzt sollten zwei Tage reichen, um die Strecke zurückzulegen. Es regnet schon am ersten Tag, früher als vom Wetterbericht vorhergesagt. Am nächsten Tag regnet es weiter, aber mit Unterbrechungen. Sie sind froh, dass sie ihre Ein-Person-Zelte mit dabei haben, so sind sie wenigstens im Schlaf gegen den Regen geschützt. Der Niederschlag lässt die kleinen und größeren Gewässer, die sie auf dem Hinweg mit Leichtigkeit überqueren konnten, weit anschwellen, so dass sie barfuß die Hindernisse durchqueren müssen. Was nicht ohne Aufregung vonstatten geht, denn der Untergrund ist glitschig und es bedarf größter Vorsicht, nicht auszurutschen. Aber alles in allem ist es eine harmlose Tour. Im Vergleich zu Expeditionen im südamerikanischen Regenwald, wo Getier auf die Menschen wartet, um sie zu vergiften, oder im eisigem Patagonien, wo der Sturm so heftig bläst, dass er Menschen umwerfen kann. Beides, Regenwald und Patagonien, sind Ziele für später, sie stehen auf der Liste ihrer Tagträume. Irgendwann werden sie das machen, und dann wieder zu Fünft? Dies hier ist eine Wanderung durch die Taiga; und es ist eher unwahrscheinlich, dass sie schwierige Situationen werden meistern müssen.

Die Fünf sind sichtlich erleichtert, als sie in Kiruna ankommen. Die Bilanz ist gemischt. Die Diskussionen werden als gelungen gewertet, weil sie offen und auch kontrovers geführt wurden und im Ergebnis das gegenseitige Verständnis vertieft hätten. Die Landschaft war nicht annähernd so eindrucksvoll wie erwartet; die Monotonie, in die sie sich hüllt, hatte sie überrascht, das hatten sie nicht erwartet. Sicher würde sich das im Herbst ändern, wenn Pilze und Beeren gereift sind, und die Pflanzen im Licht der abnehmenden Sonne in vielerlei Farben leuchten. Außerdem hatte sich der Mangel an Proviant zu einem größeren Problem entwickelt, als voraussehbar, ganz zu schweigen von der Eintönigkeit der Mahlzeiten, die nun vorbei sein würde. Kurzum, eine Wiederholung an diesem Ort scheint ihnen nicht erstrebenswert. Umso mehr wird ein Ort favorisiert, der mehr Lebendigkeit, gutes Essen und vermutlich auch gutes Wetter verspricht. Also Toscas Vorschlag folgen, das kommende und vermutlich vorerst letzte Treffen in ihrer Heimat, der Toscana, abzuhalten?

„Das ist noch nicht entschieden", sagt Genia.

„Meinst du, wir treffen uns das nächste Mal am Baikalsee?" fragt Venja.

Genia: „Nun ja, ganz so weit braucht es nicht zu sein. Das Kaspische Meer täte es auch."

Berel: „Ein delikater Vorschlag. Wir würden als Putins Apologeten verunglimpft. Das können wir uns nicht leisten. Im schlimmsten Fall würde das unsere Doktorarbeiten gefährden. Lasst uns in Italien treffen."

Frieden schaffen ohne Waffen. Angesichts der intensiv geführten Diskussionen der Doktorandinnen über Krieg und Militarismus und der Empörung, die Schwedens Pakt mit der NATO, nach etwa zweihundert Jahren Neutralität, bei ihnen auslöst, drängt es den Protokollanten, selbst Stellung zu beziehen:

«Ich, wie auch mein Bruder, haben Wehrdienst geleistet, als dieser noch als verbindlich galt. Weil ich es aus unerfindlichen Gründen so wollte und auch, weil ich in meiner Absicht vom Vater bestärkt wurde, oder diese von ihm ausgelöst wurde. Er war kein Mann des Militärs, eher jemand, der als Führer seiner Schüler wahrgenommen werden wollte, und wohl deshalb der Ansicht war, dass Unterordnung der weiteren Entwicklung des Sohnes von Nutzen sein könnte. Die Mehrzahl meiner sogenannten Klassenkameraden wollte von Wehrdienst nichts wissen, beriefen sich damals auf Glauben und Gewissensnot, erklärten sich zu Pazifisten, leisteten Zivildienst oder wurden, aufgrund der Verbindungen zu höheren Stellen in der Verwaltung, als wehruntauglich befunden.
Die Dienstzeit beim Militär empfand ich als extreme Herausforderung. Das Schlimmste war für mich das Prinzip der Unterwerfung: unter Vorgesetzte mit sehr begrenztem Auffassungsvermögen, die oft alko-

holabhängig, stur, rücksichtslos und raubeinig waren, überdies nicht selten großes Vergnügen darin fanden, ihre Untergebenen durch unsinnige Übungen zu schikanieren und die Schwächeren oder weniger Geschickten vor versammelter Mannschaft zu blamieren. Es gelang mir, ich weiß bis heute nicht wie, mich diesem unverhohlen sadistischen Verhalten zu widersetzen, ohne dafür bestraft zu werden. Allerdings war die Zeit beim Militär insofern von Bedeutung, als ich von da ab ein für allemal ein Gegner des Militärs und allem Militärischen wurde. Ich bin nicht Pazifist, wohl aber bekenne ich mich zum gewaltlosen Widerstand. Denn ich bin der festen Überzeugung, dass Konflikte, wenn überhaupt, nur gewaltlos gelöst werden können. Beispiele der jüngeren Geschichte, wie Mahatma Gandhi und Nelson Mandela, sind dafür leuchtende Beispiele. Andere, die wie oben geschrieben den Militärdienst gemieden haben, sind heute Verfechter des Prinzips Sicherheit durch Abschreckung, setzen auf Aufrüstung und Wehrhaftigkeit. Einer von diesen ist unser Bundeskanzler.

Den Fünf und allen, die jegliche Art von Krieg ablehnen, empfehle ich die Lektüre von John Horgan: *The end of war*. Horgan, ein vielfach preisgekrönter amerikanischer Wissenschaftsjournalist, auch Verfasser von *The end of Science*, versucht herauszufinden, warum Kriege geführt werden. Ihm geht es, wie den Fünf und so vielen anderen, um die Abwehr jeglicher Art von Krieg.»

Auf Giglio im Tyrrhenischen Meer

Gegen Süden, Norden und Westen: das unbewegte, schläfrige Meer; gegen Osten: das im Dunst der

Mittagswärme schwimmende Land. Unter ihnen die Mauer aus dem Mittelalter, gefügt zur Festung, die im Mittelalter von den Aldobrandeschi, einem Adelsgeschlecht aus der Toscana, bewohnt wurde. Zugleich höchster Punkt der Ortschaft Giglio Castello. Die Fünf sind auf die Mauer geklettert und erzählen sich dort oben ihre Geschichten. Dieses Mal, und womöglich das vorläufig letzte, ist es die Geschichte ihrer Suche nach einer beruflichen Zukunft. Der Ablauf, die Eindrücke, die Entscheidungen.

An sich war es anders geplant. Sie hatten ihr Treffen für das kommende Jahr avisiert. Dann wären Doktorarbeit und Stellensuche unter Dach und Fach. Es war anders gekommen. Früher als erwartet hatten sie ihre Arbeiten abgeschlossen, in einem gewaltigen Endspurt Literaturverzeichnisse und Abbildungen, Tabellen, Formeln etc. eingefügt, sogar die obligatorische Danksagung angehängt, gewidmet denen, die geholfen und nicht geholfen hatten, das Opus Magnus mit Hilfe der Textverarbeitung LaTeX in Form gebracht, in der Fakultät eingereicht und gewartet. Nach einem Monat war alles vorbei: Prüfung bestanden, Ergebnis und Urkunde ausgehändigt. Jede der Fünf hatte die Note sehr gut, auf die sie sich nicht allzu viel einbilden wollten, denn die typische Note solcher Veranstaltungen ist ein sehr gut. Genia hatte sogar mit Auszeichnung bestanden. Das empfand sie als ungerecht gegenüber den Freundinnen; entweder alle mit sehr gut oder alle mit Auszeichnung.

Die Felseninsel *Isola del Giglio*, Insel der Ziegen, ist nicht mehr als ein Zipfel Toscana im Ligurischen Meer. Die Fünf wohnen in Giglio Castello, wo eine von Toscas zahlreichen Tanten eine zum Ferienhaus umgebaute, mittelalterliche Wohnung besitzt. Die Mauern des Hauses sind aus rohen Steinen der Umgebung erbaut, die Fugen mit inzwischen bröckelndem Kalk gefüllt. Es sind dicke Mauern, die dafür sorgen, dass im Sommer wie Winter eine konstante Temperatur von neunzehn Grad herrscht.

Hier wollen sie es sich gut gehen lassen, die Anspannung der vergangenen Wochen abschütteln.

Der frühe Oktober ist warm, viel zu warm sagen die Meteorologen, die stets den durchschnittlichen, zu erwartenden Wert im Blick haben und dem Publikum inzwischen fast triumphierend die Abweichung nach oben vermelden. Die klare Luft lässt die Sonnenstrahlen passieren, so dass Erde und Meer fast sommerliche Temperaturen erreichen. Ein Geschenk des Himmels für die Fünf.

Berels Bewerbung. Tosca: „Berel, jetzt erzählst du. Das muss ja super spannend gewesen sein. Ihr müsst wissen, dass Berel in Kürze bei einem Schweizer Großkonzern arbeiten wird. Woher ich das weiß? Ganz einfach, sie hat mich unmittelbar nach der Bewerbung angerufen. Verrätst du, um welche Firma es sich handelt?"

Berel: „Nein. Tu ich aus gutem Grund zunächst einmal nicht. Die Mitarbeiter in dem Segment, für das ich vorgesehen bin, arbeiten ganz solide unter Geheimhaltung, zumindest solange, bis das Produkt der Öffentlichkeit vorgestellt wird."

„Was, auf so was lässt du dich ein?" Tosca ist beunruhigt, fürchtet um die moralische Unversehrtheit der Freundin.

Berel: „Nun warte doch, es ist alles viel weniger schlimm, als es sich anhört. Flexibilität ist gefragt! Übrigens machen die tatsächlich etwas, was den Menschen hilft, nichts was sie umbringt. Und verdienen damit natürlich eine Menge Geld."

Beim Schweizer Großkonzern, der an Berel Gefallen gefunden hat, heißt es sinngemäß, dass man jeden Tag daran arbeitet, *neue Wege zu finden, um den Menschen zu einem besseren und längeren Leben zu verhelfen.*

„Lasst Berel erzählen, wie das Ganze abgelaufen ist. Zur Moral kommen wir dann später, wenn es denn sein muss", sagt Genia.

Berel: „Ach was war das für eine Bewerbung! Vier Kandidaten waren aus einer Schar von einundzwanzig in die engere Wahl genommen worden. Außer mir drei Männer. Wir alle Mitte bis Ende zwanzig. Alle frisch von der Uni, mit dem Doktortitel ausgestattet. Da dachte ich im ersten Augenblick, gegen die hast du keine Chance. Sie traten sehr selbstbewusst auf. Alle hatten wohl auch schon eine Publikation vorzuweisen. Ich dagegen noch keine, außer dieser unveröffentlichten Doktorarbeit. Sie schienen sich ihrer Sache ziemlich sicher zu sein. Die Prozedur: zuerst ein Vortrag, einer nach dem anderen, dann die Einzelgespräche, schließlich mit allen vier ein wenig Plauderei. Das war sehr ungezwungen seitens der Jury, eher gezwungen von uns Bewerbern, die wir alle eine Zusage erhofften. Der Vortrag hatte es in sich: nicht zur eigenen Arbeit, wie erwartet, sondern völlig unerwartet, ohne Vorabinformation, ein Vortrag zu einem ganz anderem Thema. Sie gaben uns eine Stunde Zeit, um aus dem Thema etwas zu machen. Stellt euch das vor! Ein Vortrag aus dem Nichts, ohne irgendwelche Hilfe durch Lexika, Fachbuch oder Internet. Normalerweise wird über die eigene Arbeit berichtet. Darauf waren wir alle vorbereitet. Darin kennt man sich aus und ist einigermaßen sicher, eventuelle hinterlistige Fragen gut parieren zu können. Aber über ein unbekanntes Thema zehn Minuten lang reden? Mein Thema war: Test auf krank oder gesund. Die waren noch ganz bei der Corona-Epidemie. Ein Glücksfall. Da konnte ich Genias Test *Krank oder Gesund?* mit Wiederholung anbringen. Ihr erinnert euch. Genia hatte den Einfall, das Theorem von Bayes mehrmals anzuwenden und so die Zuverlässigkeit des Tests auf hundert Prozent zu steigern! Genia, ich bin dir so dankbar..." und wirft Küsschen in Genias Richtung.

Genia erwidert die Küsschen und will wissen, welche Themen die drei Herren bearbeiten mussten.

Berel: „Ich war die erste, die reden musste. Danach war ich beschäftigt, die Wirkung meines Vortrags zu evaluieren. Habe dann nur vom dritten der Männer etwas mitbekommen. ich glaube, der war Biologe, er musste die Genetik erläutern, die sich in den Impfstoffen von Corona verbirgt. Das war wohl ziemlich nah an seiner Doktorarbeit. Das hat er auch nicht schlecht gemacht, nur war er übermäßig aufgeregt. Was mich gewundert hat. Denn zu Anfang hatte er so getan, als wäre die Wahl schon vor dem ganzen Procedere auf ihn gefallen, und das alles diene nur dazu, ähnlich den Berufungsveranstaltungen in den Hochschulen, der Form Genüge zu tun."

Venja: „Die Jury hatte, wenn ich dich richtig interpretiere, kaum Interesse an euren Doktorarbeiten. Das alles Entscheidende war der Vortrag. Ich glaube, die wollten eure Vielseitigkeit, weniger eure Expertise testen. Ob ihr verständlich und selbstbewusst vortragen könnt."

Tosca: „Was wollten sie im Einzelgespräch wissen?"

Berel: „Eher das Übliche. Was ich bisher so gemacht habe, wie ich mir die Arbeit vorstelle, was ich in zehn Jahren sein möchte..."

Tosca: „Vorstandsvorsitzende vom Konzern."

Berel: „Genau. Das hätten sie mir nicht einmal übelgenommen."

Tosca: „Die Kraft der Überzeugung..."

Berel: „Das ist es. Du musst überzeugend und authentisch auftreten. Keine Schauspielerei, aber auch keine Unsicherheit. Wissen wird zur Nebensache."

Genia: „Also das scheint typisch für die Industrie. Selbst wenn du über große Talente verfügst, und du kannst sie nicht darstellen, dann fällst du durch."

Sonja: „Was erwartest du? Ich meine an Gehalt?"

Berel: „Das war noch nicht entschieden. Sie haben mir einen Dreijahresvertrag zugesichert, mit der Möglichkeit, auf Dauer übernommen zu werden. Ich lass es drauf ankommen. Vielleicht behagt mir das Ganze gar nicht, dann seh' ich mich anderweitig um."

„Bravo Berel, du bist die Beste", verlautet es einstimmig von den Vieren. Sie prosten ihr zu, jede von ihnen ausgestattet mit einem zarten Becher aus Glas, gefüllt zur Hälfte mit Rotwein.

Sonja bekommt einen Posten im Ministerium, unbefristet, im deutschen Bundesministerium für Bildung und Wissenschaft. Ansässig in Bonn, der ehemaligen Hauptstadt aus Deutschland West. Es ist das Ministerium, in dem zur Zeit die große Frau mit der großen Brille regiert. Sie setzt die Tradition des Hauses fort – es wird seit geraumer Zeit von Frauen geleitet, die von der Forschung wenig bis gar keine Ahnung haben.

Sonjas Bewerbung. Berel: „Sonja, wie ist es bei dir gelaufen?"

Sonja: „Besser hätte es nicht gehen können. Die haben eine Sozialwissenschaftlerin gesucht, die Forschungsförderung macht."

Berel: „Also Männer von vornherein ausgeschlossen?"

Sonja: „Ja. Die Bewerber der engeren Wahl bestanden aus sechs Bewerberinnen."

Venja: „Und du warst eine davon."

Sonja: „Ich war eine davon und diejenige, die gesiegt hat."

Beifall der Vier. „Erzähl! Wir platzen vor Neugierde."

Sonja: „Die Kandidaten, ich lass mal das *innen* weg, gerät mir einfach zu lang, das Wort, und wir gehören ja nicht zu denen, die gesteigerten Wert darauf legen, also wir, die Kandidaten, waren in einem eigens dafür hergerichteten Büro untergebracht, wo es zu essen und zu trinken gab, außerdem eine Toilette in unmittelbarer Nähe, was von Vorsorge zeugte, denn die Aufregung und der Stress, der bekanntlich vor allem bei uns Frauen auf die Blase schlägt, verlangt nach einem Ort, um diese zu erleichtern.

In besagtem Raum konnte man sich beäugen, und ich bin sicher, dass jede vorweg eine Einschätzung vorgenommen, die Qualität der anderen taxiert hat. Vier von den sechs waren mächtig aufgetakelt, mit kirschroten Lippen und ausgeschnittener Bluse, engem Rock und ziemlich hohen Hacken. Mit Handtasche! Ich dachte, die wollen auf eine Party. Ich wie sonst, wie ihr euch denken könnt, ohne Make-up, in mittellangem Rock und nicht zu engem Pullover, niedrige Hacken. Eine von ihnen sah aus wie die ehemalige Vorsitzende des Ethikrates.

Berel: „Ah, du meinst die Frau Professorin A... Ich komm nicht drauf. Hilfst du mir?"

Sonja: „Alena Buyx? Genau, im ersten Augenblick dachte ich, das ist die Buyx, dann hast du keine Chance, im zweiten schien mir das absurd, die hat doch schon fast alles erreicht, was soll sie hier, im dritten war mir klar, dass mir eine Verwechslung unterlaufen war."

Berel: „Du hast also mit deiner natürlichen Schönheit gepunktet."

Sonja: „Danke für die Blumen. Also, die Jury bestand zur Hälfte aus Männern und Frauen. Eine der Frauen hatte die Gesprächsleitung, sie wurde als Ministerialdirigentin vorgestellt. Muss ein ziemlich hohes Tier sein. Sie dirigierte nicht schlecht, ließ ausreden und gab sich eher als Moderatorin. Was Frauen ja perfekt beherrschen. Also um es kurz zu machen: die Leute waren sympathischer, als ich gedacht hatte. Sie konnten zuhören und stellten vernünftige Fragen."

Berel: „Welche waren das?"

Sonja: „Was ich zum Krieg in der Ukraine zu sagen hätte. Huch, dachte ich, da muss ich aufpassen. Die Standardantwort ist: Die Ukraine wurde angegriffen, braucht zur Verteidigung Waffen aus dem Westen, braucht mehr Waffen, denn die Ukraine verteidigt Europa, vor allem aber verteidigt sie Deutschland. Andererseits war mir euer *Seid standhaft!* im Ohr. Aber ich glaube, die wollten gar kein Bekenntnis zu mehr Waffen, von dem sie tagtäglich hören, sondern die ehrliche Meinung. Also bin ich mit Berta von Suttners berühmten Buchtitel rübergekommen:

Die Waffen nieder! Da war zunächst Stille im Raum. Dann habe ich an den Sturm glücklicher Gefühle appelliert, welche in der erschöpften Menschheit aufkam, egal ob Sieger oder Besiegte, als im zweiten Weltkrieg überall die Waffen schwiegen. Und dieses würde sich im aktuellen Fall wiederholen. Das habe ich behauptet. Allein dieser Akt der Menschlichkeit wäre schon ein gewaltiger Fortschritt, habe ich gesagt. Dann kam die Frage, wie ein solcher Stillstand zu bewerkstelligen wäre. Gar nicht so schwierig, habe ich frech behauptet."

Tosca: „Hast du das tatsächlich gesagt?"

Sonja: „Also festnageln möchte ich mich nicht, aber so oder so ähnlich – ja."

Tosca: „Wie ging es weiter?"

Sonja: „In diesem Augenblick wurde die Ministerialdirigentin herausgerufen und die Leitung auf einen Beamten mit sehr großen Ohren weitergegeben. Der wollte aber von Krieg und dergleichen nichts weiter wissen, sondern kam mit einer ganz anderen Angelegenheit. Angenommen, sagte er, wir entscheiden uns für Sie, und Sie wären dann ein Mitglied in der Abteilung Forschungsförderung. Also er sprach immer im Konjunktiv. Mir würde die Aufgabe gestellt, ein Forschungsprojekt vorzuschlagen, das die Teilnahme von mehreren Hochschulen vorsähe. Er wollte dazu Antworten von mir haben."

Venja: „Da sollten dir unsere Diskussionen geholfen haben."

Sonja: „Ja, aber nur die zum Klima. Ich sagte,

da kommt mir eine Idee (die hatte ich natürlich schon seit geraumer Zeit). Als Sozialwissenschaftler liegt mir die Sicherheit der Bevölkerung am Herzen. Folglich denke ich an ein großangelegtes, integriertes, wissenschaftlich basiertes Frühwarnsystem. Davon sei schon einiges in Arbeit, kam es vom Ministerium. Aber nur weiter, sagte ein anderer aus der Jury, diesmal mit ziemlich kleinen Ohren, uns interessiert ihre Konzeption. Vielleicht gibt es da etwas, was wir verwenden können.

Ich war im ersten Augenblick etwas verwirrt, ist ja normalerweise keine gute Nachricht, wenn man von etwas Neuem redet, und andere sind schon daran. Doch ich nahm das eher als Ermutigung. Das Informationssystem zur Frühwarnung, habe ich gesagt, entsteht aus der interdisziplinären Zusammenarbeit aus Meteorologie, Hydrologie, Ingenieurswissenschaft, Informatik und Medizin. Es kommt dann zur Anwendung, wenn Naturgefahren extremen Ausmaßes bevorstehen oder technische Anlagen, wie Gas und Strom, zu kollabieren drohen. Die Erkenntnisse werden von der Wissenschaft an die Rettungsdienste übermittelt, die ihrerseits aktiv werden, um auf der Basis dieser Informationen ihre Maßnahmen punktgenau zu positionieren."

Berel: „Hast du punktgenau gesagt?"

Sonja: „Nein. Zielgenau."

Tosca: „Keine Unterbrechungen bitte. Sonja hat noch mehr in ihrem Köcher."

Sonja: „Eigentlich nicht. Denn danach kam nicht

mehr viel. Ich hätte weder auf bestanden noch auf nicht bestanden tippen können; die Jury hat weder Zeichen von Zustimmung noch Ablehnung erkennen lassen. Die Leute ließen sich nichts anmerken."

Genia: „Und wann kam das erlösende JA?"

Sonja: „Einige Tage später. Der Mann mit den großen Ohren hat mich angerufen und die frohe Botschaft verkündet. Erst sechs Monate Probezeit, und wenn die bestanden sind, kommt der Job mit unbestimmter Dauer, wie das in schönem Amtsdeutsch heißt."

Die Vier : „Also unbefristet?"

Sonja: „Ja."

„Bravo Sonja, du bist die Beste," verlautet es einstimmig von den Vieren. Sie prosten ihr zu, mit dem zarten Becher aus Glas, gefüllt zur Hälfte mit Rotwein.

„Und du, Venja?"

Venjas Bewerbung.   „Meine Vorstellung war weniger spektakulär", sagt Venja. „Ich hatte auf eine Anzeige reagiert, in der eine Frau gesucht wurde, die an dem Projekt *Restauration of the European Union* in der Oxford University mitarbeitet."

Sonja: „Was? Das in England? Sind doch gerade ausgetreten."

Venja: „Der Austritt ging auf den Clown Johnson zurück. Die Ernsthaften im Königreich fühlen sich, so scheint mir, sehr wohl Europa verbunden. Meine Aufgabe wird sein, Elemente der direkten Demokratie für Europa zu entwickeln und in Zusammenarbeit mit anderen daraus ein Computerprogramm zu machen. Das sollte dann zufällig ausgewählten Personen als Test vorgelegt werden."

Berel: „Keine leichte Aufgabe, aber eine wichtige; wie viele Jahre geben sie dir?"

Venja: „Vier, mit der Aussicht auf Verlängerung oder sogar auf Tenure-Track. Das ist der begehrte Aufstieg in der Professorenhierarchie."

„Venja, du bist ein Glückskind!"

Auf dem Wasser sichten sie ein größeres Schiff. Berels Fernglas rückt es nahe heran. Das Schiff ist voll bepackt mit Containern.

„Welche enorme Veränderung auf dem Meer", ruft Berel, „wenn Schiffe und mitgeführte Güter vor zweihundert Jahren mit denen von heute verglichen werden."

Sonja: „Wie das? Warst du schon vor zweihundert Jahren auf der Welt?"

Berel: „Komm, werd nicht albern. Wir alle haben schon als Kinder in Vaters Lexikon die mächtigen Segelschiffe bewundern dürfen, und die waren sogar noch deutlich älter!"

Inzwischen hat sich ein leichter Südostwind aufgemacht, lässt jetzt das Wasser kräuseln. Nach wie vor keine Wolke weit und breit. Die Fünf baden im Licht und fühlen es auf nackter Haut, im Gesicht und auf den Armen und Beinen.

Venja ergreift erneut das Wort: „Die Jury in Oxford bestand überwiegend aus Männern, die waren so, wie ich mir den englischen Gentleman vorstelle. Also vier Männer und keine Frau. Obwohl viele Frauen dort rumlaufen und forschen und lehren. Vermutlich gab es auch weitere Bewerber, die habe ich nicht gesehen. Ich hatte Reisegeld für zwei Tage erhalten; am zweiten Tag wurde ich durch die wunderbaren alten Häuser der Wissenschaft und Ausbildung geführt. Danach die große Überraschung: ob ich, wenn ich die Stelle bekäme, um die ich mich beworben habe, dann auch zusagen würde. Was für eine Frage!"

„Also hast du ja gesagt, ein Hoch auf unsere Venja!" Sie prosten ihr zu, Sie prosten ihr zu, mit dem zarten Becher aus Glas, gefüllt zur Hälfte mit Rotwein.

„Und was ist bei dir passiert, Tosca?"

Toscas Bewerbung. „Ich bin ziemlich nah bei meiner Doktorarbeit geblieben. Habt ihr schon von der Fraunhofer Gesellschaft gehört? Nein? Ich auch nicht. Eine vermögende Forschungsgesellschaft mit vielen Instituten, die ihre Finanzierung vorwiegend aus der Zusammenarbeit mit der Industrie erwirtschaftet. Also dort wurde wieder ganz traditionell, ähnlich wie bei Sonja, verfahren. Aus einer schier unübersehbaren Zahl Bewerber waren nach einer ersten Runde vier ausgewählt. Und ich war eben auch dabei. Zwei Männer und zwei Frauen. Die drei anderen bereits habilitiert. Was aber offenbar kein Bonus war, zumindest nicht in dieser auf Anwendung orientierten Organisation. ich werde fleißig an neuen Techniken der Wiederverwertung werkeln. Allerdings zunächst nur für drei Jahre. Bei Gefallen winkt dann die Dauerstelle. Mal sehen. Fürs erste ganz gut, aber keine Sache fürs Leben."

Berel: „Wie lief das bei der zweiten Runde? Wurde Wissen getestet?"

Tosca: „Oh ja. Es wurden Fragen gestellt, die der Bewerber, nennen wir ihn A, beantworten sollte. Musste er passen, ging sie dann an den nächsten und so weiter. Die Jury machte sich dazu fleißig Notizen. Dann kam die nächste Frage, zunächst an B, und so fort. Ich war C. Die Fragen kamen aus allen möglichen Gebieten, von Verfahrenstechnik bis in die Wirtschaftswissenschaften. Die wollten jemanden haben, der über seinen Tellerrand sehen kann. Kunststoff-Recycling mit neuen Ideen versorgt. Im Team sich bewährt."

Berel: „Teamarbeit wäre für uns alle wohl eher Neuland – aber wurde, wie mir scheint, bei allen Bewerbungen als die normale Form des Arbeitens angesehen. Da haben wir Fünf wohl noch zu lernen."

Tosca: „Ja, da hast du recht. Da kommt etwas auf uns zu."

Sonja: „Du warst also die Richtige?"

Tosca: „Das war ich wohl. Übrigens wurde ich nach meinen Hobbys befragt. Das soll eine der beliebtesten Fragen sein, wie mir die Mitbewerber versicherten. Weiß eigentlich nicht, warum."

Genia: „Vielleicht ist ein Hobby darunter, das auf Interesse bei der Jury stößt, vielleicht ist da ein Wanderer oder eine Schwimmerin, mit der man das

Hobby teilen könnte. Was hast du geantwortet?"

„Ich habe viele Hobbys. Besonders Ski Lang-Lauf und Ski Abfahrt. Felsenkletterei."

Tosca: „So wird bestimmt jemand kommen, der dich demnächst zur Skitour einlädt. Der Winter ist ja so fern nicht mehr."

Sonja: „Dann gehst du uns verloren."

Tosca: „Keine Sorge, es gab niemanden, dem ich hätte folgen mögen. Zumindest keinen in der Jury."

Sonja: „Aha. Anderswo also doch?"

Tosca: „Sonja! Nein und nochmals nein."

„Tosca, auch dir unseren ganz herzlichen Glückwunsch!" Und wieder sind es die zarten Becher aus Glas, gefüllt zur Hälfte mit Rotwein, die diesmal zu Ehren von Tosca geleert werden.

„Genia?"

Genias Bewerbung. Genia, verhalten: „Ich werde wohl nicht drumherum kommen, auch über meine Bewerbung zu berichten."

Sonja: „Warum? Ist die schief gelaufen? Du hast den langen Weg nach Amerika gemacht, direkt in eine der berühmtesten Hochschulen der Welt, du hast so gute Voraussetzungen mitgebracht. Was zum Teufel ist passiert?"

Genia: „Ich hätte im Bereich künstliche Intelligenz arbeiten sollen. In der Computersimulation und Datenanalyse bin ich geübt, in KI nicht sehr. Gleichwohl, beides liegt dicht beieinander. Stimmt, man hat mich eingeladen. Ich sollte über meine Arbeit berichten, das interessierte die. Unter meinem Thema „Konflikt und Versöhnung" hatten sie sich wohl eher die persönliche Ebene vorgestellt, ich habe es wie ihr wisst, auf die internationale, politische Plattform gesetzt. Als Möglichkeit dargestellt, Auseinandersetzungen friedlich zu lösen. Sie konnten ihre Enttäuschung nicht verbergen. Die Gesichter nahmen immer düstere Züge an. Das wiederum hat mich eher angespornt. Ich wollte es ihnen zeigen."

Sonja: „Hatten sie gar erwartet, dass du ihre individuellen Eheprobleme in deiner Doktorarbeit löst? Das kann es doch nicht sein. Du warst im *CalTech*, im California Institute of Technology! Die haben eine ellenlange Liste an Nobelpreisträgern..."

Genia: „Ich sage doch, ich weiß nicht, warum ich nicht besser abgeschnitten habe. Ich habe auch keine Mitbewerber gesehen. Ich habe nach ein paar Tagen lediglich eine Email von ihnen bekommen, in der nichts anderes drin stand, als dass sie sich – bedauerlicherweise – gegen mich entschieden haben."

Sonja: „Nur gut, dass dein Vertrag noch eine Weile weiterläuft. So hast du wenigstens noch Wohnen und Essen und Trinken."

Genia: „Nein auch das nicht. Es gab eine böse Überraschung. Die mir zugesicherten zwei Jahre gelten nur unter der Voraussetzung, dass sie die Beendigung der Doktorarbeit ermöglichen. Da nun alles erreicht ist, was erreicht werden sollte, endet zur Belohnung auch der Vertrag."

Sonja: „Wie zynisch. Wie grausam. Ist das denn rechtens? Du solltest dich wehren, Genia. Mindestens eine Rechtsberatung in Anspruch nehmen. Die ist, wenn ich recht erinnere, sogar kostenlos."

Genia: „Nein, das mach ich nicht. Ich werde schon irgendwie zurechtkommen."

Die vier Glücklichen schauen betroffen auf die Unglückliche. Tosca ergreift die Initiative: „Wie auch immer. Du hattest offensichtlich den schwersten Part von uns, bist am weitesten gereist, kommst aus Russland, das gegenwärtig überall Ablehnung erfährt, nicht ausgeschlossen, dass auch deine Herkunft eine Rolle gespielt hat. Wir trinken auf dich und bleiben zuversichtlich, dass es das nächste Mal klappen wird! Ein Hoch auf unsere Genia!"

Und wieder wird gefeiert mit den zarten Bechern aus Glas, gefüllt zur Hälfte mit Rotwein.

Dieser allerdings bleibt nicht ohne Wirkung, denn es waren zwei Flaschen, die benötigt wurden, um fünfmal die Fünf mit einem Quantum von etwa 56 Millilitern Rotwein zu beköstigen. Immerhin ergibt das in Summe die nicht unbedeutende Menge von 280 Millilitern, was, auf Ganze gesehen, bei einem 13.5 prozentigen Alkoholgehalt fast 38 Milliliter reinen Alkohols entspricht. Jedenfalls klettern die Fünf guten Mutes von der Burgmauer, marschieren untergehakt, mit *ciao bella ciao* in den Kehlen zu ihrer Wohnung, um sich dort ein Schläfchen zu gönnen. Anschließend, so wurde dem Protokollanten berichtet, habe man sich nach dem Bad in der Sonne für ein Bad im Meer verabredet. Da würden sie wohl die einzigen sein, war die Meinung, denn die Saison sei vorbei, die Touristen, die in Zehntausenden die Insel bevölkert hatten, längst wieder bei der Arbeit, das Meer aber noch einladend warm. Wasser, erinnert Genia, sei ein exzellenter Wärmespeicher, weil von hoher Wärmekapazität, so dass sie nicht befürchten müssten, wie einst in den Bergen oder unlängst am Polarkreis, vor Kälte zitternd in den Schlafsack schlüpfen zu müssen.

Geständnis des Protokollanten. Der Protokollant: «Ich habe Genia in mein Herz geschlossen, es mir deshalb besonders leid tut, dass sie bei ihrer Vorstellung im *CalTech* keinen Erfolg hatte. Obwohl ihre Arbeit mit Auszeichnung bewertet worden ist. Aber was gilt das schon in den USA. Und überhaupt. Welche Bedeutung haben all die Benotungen, die guten wie die schlechten? Sie liegen doch allzu oft ganz schön daneben. Andere Kriterien gewinnen immer mehr an Bedeutung. Wenn du dich gut verkaufen kannst, hast du meist schon gewonnen. Wie du auftrittst, was du sagst. Siegesgewiss, selbstbewusst. Gute Laune. Sagen wir, nicht ganz so, aber ähnlich wie Kamala Harris, die Bewerberin ums höchste Amt der USA. Vielleicht ist Genia ein klein bisschen zu bescheiden. Jetzt ist sie dabei – wie es sich gehört – aus ihrer Doktorarbeit eine Veröffentlichung zu machen. Wird es ihr gelingen, diese in einer angesehenen Zeitschrift zu platzieren? Ich gehe davon aus, dass sie erfolgreich sein wird, vorausgesetzt, dass sie dabei von ihrem Doktorvater unterstützt wird. Der hat allen Grund, hat er doch in der Liste der Autorenschaft, die dem Artikel vorangestellt ist, von vornherein den ersten Platz gebucht. Der Artikel wird gelobt werden, und ihre Chancen auf eine gute Stelle mit animierendem Umfeld werden sich merklich verbessern. Sie ist die Wissenschaftlerin. Und es muss ja nicht Amerika sein. Sollte Russland den Krieg beenden und sich wieder mehr auf sein wissenschaftliches Ansehen besinnen, das es einst hatte in der Welt, dann käme eben auch ihre Heimat mit einer echten Chance in die engere Wahl.»

Die Burgmauer. Am nächsten Tag wird erneut die Burgmauer angesteuert. Da sind sie unter sich und haben freie Sicht in alle Himmelsrichtungen. Berel holt aus ihrem kleinen Rucksack, den sie für Stadtgänge nimmt, ein Stück Papier. Es geht von Hand zu Hand, erzeugt wie seine beiden Vorgänger, wiederum große Heiterkeit.

Venja: „Oh das kann nicht sein... wir hier auf der Mauer, Berels Zöpfe stehen noch immer im rechten Winkel, die zarten Hände, nein, das sind Finger von feinen Damen, die nie einen Bierkasten geschleppt haben, Himmel, was für eine Fantasie..."

Sonja: „Das Schiffchen, wie herzig, das wäre noch was für uns..."

Genia: „Dann lasst uns beizeiten eine Segelschule besuchen. Wir segeln von Europa nach Nordafrika, dann mit Hilfe des Nord-Ost Passats nach Mexiko."

Sonaj: „Warum Mexiko?"

Genia: „Dem Wind gehorchend. Im Übrigen muss es ja nicht immer die USA sein."

Venja: „Die Steine der Mauer, die sind nicht weit vom Original entfernt..."

Zosca: „Ist unser Haus das mit den neun Fenstern?"

Venja: „Der Fantasie sind keine Grenzen gesetzt."

„Berel, du bist ein Genie."

Berel verstaut das Papier im Rucksack, und Sonja erinnert sie daran, es ihr später auszuhändigen, wie die anderen geht es ins Protokoll, als Teil des Unvergesslichen.

Genia, auf das Meer deutend: „Ist das Wellen-Muster nicht eine Art Mutation? Was die Natur aus ursprünglich Unbewegtem, Formlosen zu erschaffen vermag! Ich gebe zu, das ist etwas weit gegriffen, hier werden lediglich, durch die Einwirkung einer äußeren Kraft, Wasser-Moleküle anders geordnet; Mutation ist viel grundsätzlicher... eben deshalb auch ein Gegenstand der *starken* KI, die den autonomen Roboter durch menschenähnliche Gebilden ersetzen will."

Berel: „Die KI kommt auch noch dran. Ich plädiere dafür, das neuartige Phänomen militanter Frauen zu diskutieren."

Militarismus und Frauen. „Sind wir seelisch und geistig gerüstet, uns an das schwierige Kapitel heranzutasten? Ist es denn überhaupt neuartig?", fragt Venja.

Tosca: „Deine letzte Frage nehme ich gerne auf. Ist das kriegerische Gebaren von Frauen neu? Irgendwie schon. Ich habe den Eindruck, dass Frauen immer kämpferischer werden. Es ist nicht lange her, da machten Frauen auf mich den Eindruck, eher um Frieden und Ausgleich bemüht zu sein. Vielleicht war das aber nur die Hülle. Darunter brodelten die Aggressionen wie beim Mann. Unvergesslich die Begeisterung, mit dem sie den gewalttätigen Hitler umjubelt haben. Manche Geschichtsschreiber glauben sogar, belegen zu können, dass es die Frauen waren, die Hitler zur uneingeschränkten Macht verholfen haben."

Venja: „Die Frage, die uns beschäftigt, ist doch: hat sich die Einstellung der Frauen zum Krieg geändert? Sind sie heute eher bereit, Kriege zu akzeptieren, als noch vor zehn, zwanzig Jahren? Ausgelöst wird die Frage durch die unbestreitbare Tatsache, dass prominente Frauen, angeführt von den Lind-Grünen und ihrer Außenministerin, zu jeder sich bietenden Gelegenheit, mehr und stärkere Waffen für den Kampf der Ukrainer fordern. Assistiert werden sie dabei von Journalistinnen, Politikwissenschaftlerinnen und Militärexpertinnen aus diversen Instituten und Stiftungen. In Lanzens Sendung kommen auch Psychologinnen zu Wort."

Tosca: „Gibt es Umfragen, in denen zwischen Mann und Frau unterschieden wird, wenn es um das Ja zum Krieg in der Ukraine, Gaza oder anderswo in der Welt geht? Das würde immerhin einen Hinweis geben, wie es tatsächlich um den Militarismus der Frauen bestellt ist."

Tosca: „Eher nicht, zugegeben wir wissen es nicht. Eine Anregung, die wir den Demoskopen mitgeben sollten."

Sonja: „Unbedingt. Absolut notwendig. Andernfalls tappen wir im Dunkeln. Mein Bild der Frau ist geprägt von Selbstbewusstsein, Standfestigkeit und Unabhängigkeit. Frauen sind gegen Krieg. Ist das überholt?"

Tosca: „Die von dir angeführten drei Eigenschaften nehmen auch die kriegstüchtigen Frauen für sich in Anspruch. Allerdings gilt in Ausnahmefällen, und die Ukraine ist in ihren Augen ein solcher, die Parole: für statt gegen den Krieg."

Venja: „Frauen wollen hinter den Männern nicht zurückfallen. Wenn diese als kriegstüchtig gelten, sind es, siehe Israel, auch die Frauen. Folglich wird man ihnen wohl auch das Recht zusprechen müssen, ja zum Krieg zu sagen. Insbesondere, wenn es sich um die Abwehr einer Aggression handelt."

Sonja: „Ich gehe mal hundert Jahre zurück. Oder noch etwas mehr. Ich lande bei 1900. Das war die Zeit von Bertha von Suttner. Eine Friedensaktivistin, die 1905 als erste Frau den Friedensnobelpreis bekam. Sie hat das Buch *Die Waffen nieder* geschrieben, also genau das Buch, das ich bei meiner Vorstellung im Ministerium erwähnt habe. Durch die Zeitschrift *Emma* (von der ich bis vor kurzem nur gehört, sie aber nie gelesen habe) durfte ich erfahren, dass darauf als Antwort *Die Waffen hoch!* kam. Die hatte sich Felix Dahn (1834-1912) ausgedacht, ein damals durchaus bedeutender Mann, der das viel gelesene und inzwischen wohl eher vergessene Buch *Ein Kampf um Rom* verfasst hat. Das hat sich übrigens unter den zahlreichen Büchern befunden, die ich in den Schränken meines Vaters gefunden hatten."

Venja: „Auch das von der Suttner?"

„Das leider nicht.“

Berel: „Was bringt uns das bei der Frage, wie es zu dieser tatsächlichen oder scheinbaren, militaristischen Wendung einer größeren Anzahl von Frauen kommen konnte?“

Sonja: „Dass es mal anders war.“

Venja: „Soviel ich weiß, hatte die Kämpferin für den Frieden schon damals nicht die Mehrheit der Frauen hinter sich. Und da ging es um einiges mehr – der erste Weltkrieg stand vor der Tür.“

Sonja, resignierend: „Mag sein.“

Venja: „Wir sprechen von *der* Frau, einer eher durchschnittlichen oder typischen Frau aus Deutschland, Italien, Israel...? Sprechen wir davon?“

Berel: „Noch einmal – hat sich da wirklich etwas geändert bei den Frauen? Wenn wir uns die Berufe ansehen, die diese bevorzugt ergreifen – von den paar Soldatinnen und Polizistinnen abgesehen – sieht das doch eher nicht so aus.“

Genia: „Bei den Arztpraxen sind es nach wie vor junge Frauen, die dem Arzt oder der Ärztin zur Hand gehen. An der Rezeption dieser Praxen habe ich noch nie einen Mann gesehen. Im Handwerk sind Frauen eine Seltenheit.“

Sonja: „Die Kassen der Supermärkte werden von Frauen geführt. Heilpraktiker sind vor allem Frauen. Das Pflegepersonal überwiegend Frauen.“

Genia: „Ingenieurinnen sind in Deutschland eher die Ausnahme. In Russland oder der Ukraine sieht das anders aus.“

Sonja: „Im Westen hat sich seit 1950 in dieser Hinsicht nur wenig verändert."

Berel: „Männer neigen deutlich eher zu Gewalt als Frauen, schon aufgrund ihrer physischen Überlegenheit. Es sind Männer, die Kindern und Frauen sexuelle Gewalt antun. Das ist unbestreitbar."

Tosca: „Aber Frauen fordern und unterstützen den bewaffneten Widerstand, sie sind aktive Kämpferinnen."

Venja: „Aus dem unabweisbaren Bedürfnis, den Schwächeren Stärke zu verleihen und ihre Freiheit erfolgreich zu verteidigen. Was spricht dagegen?"

Sonja: „Venja, in diesem Punkt kommen wir beide nicht zusammen."

Genia: „Mein Eindruck ist, wir sind so klug als wie zuvor. Wir haben ein paar Eindrücke gesammelt, eher Aufzählungen, unsystematische, aber können nicht sagen, ob es einen Trend der Frauen zum Militarismus gibt. Ohne Umfragen wird es nicht gehen."

Tosca: „Ob diese uns der Lösung näher bringen, wage ich zu bezweifeln. Die Ergebnisse sind schrecklich abhängig von den Fragen, welche in den Umfragen beantwortet werden sollen."

Sonja, unzufrieden: „Ist die männliche Stärke und Härte inzwischen Vorbild für die Frauen? Gemäß dem Motto, was die können, das können wir allemal?"

Genia versucht es aus einer anderen Perspektive. „Spielt das Männergehabe des russischen Herrschers eine Rolle? Was, so sagt man, gerade grüne Frauen auf die Palme bringt? Dass sie sich gerade deshalb so kriegerisch gebärden? Oder hat der Heroismus der vergangenen Jahrhunderte, der jetzt bei den ukrainischen Männern wiederauferstanden ist, den Frauen den Kopf verdreht? Auch weil Putin, der als Kriegstreiber agiert, nur durch rigorose Unerbittlichkeit zur Strecke gebracht werden kann?"

Berel: „Da entsteht eine Angleichung von Mann und Frau, die ich als höchst problematisch empfinde. Das traditionelle Bild, das im Bürgertum den Mann als den Garanten und die Frau als die Verwalterin des häuslichen Glücks und Wohlergehens sieht und von der Kirche, insbesondere der katholischen, gepredigt wurde, ist inzwischen komplett über den Haufen geworfen worden. Längst hat Frau den Mann eingeholt – im Sport boxen und ringen seit geraumer Zeit auch die Frauen. Ihre Art zu reden, sich zu vergnügen ist vom Mann kaum zu unterscheiden. Eigenschaften wie Ehrgeiz und Durchsetzungswillen stehen sie dem Mann in nichts nach. Wenn Frau als Vorgesetzte auftritt, ist Frau oft genauso hart und rigoros wie Mann. Und nicht ein Deut nachsichtiger oder gar großzügiger. Das habe ich selbst erlebt und beobachtet."

„Das könnte ich aus meinen Erfahrungen im Umgang mit Höhergestellten bestätigen", sagt Genia.

„Jetzt diskutieren wir tatsächlich die Rolle von Mann und Frau in der Gesellschaft – das hätte ich nicht gedacht, als ich heute morgen aufgewacht bin und die schönen alten Hölzer betrachtet habe, mit denen das Zimmer ausgekleidet ist", sagt Venja.

Darauf Genia: „Die habe ich so gar nicht wahrgenommen. Soweit ist es mit mir schon gekommen. Sehe nicht einmal das Nächstliegende."

Sonja: „Angenommen, wir haben eine Angleichung im Verhalten von Mann und Frau in vielen Bereichen, dann stimmt das eben nicht, wenn wir, wie schon ausgeführt, die beruflichen Präferenzen von Frauen berücksichtigen. Da sind sie nach wie vor weit auseinander."

Venja nickt zustimmend. Ergänzt: „Im Übrigen bestehe ich darauf, dass immer noch viele, sehr viele Frauen, nach wie vor über eine unnachahmliche Fähigkeit zur Empathie verfügen, der Hilfsbereitschaft und des echten Mitleids fähig sind und diese auch praktizieren: Flüchtlingen helfen, Sprachunterricht erteilen, Verwundete pflegen, Kinder trösten und die gebrechlichen Eltern nicht den allzu oft lieblosen Händen der Pflegeheime anheim stellen."

Die Fünf stimmen darin überein, dass sie sich auf ein Gebiet gewagt haben, das voller Fallstricke ist. Sie sind sich bewusst, dass es sehr viele Expertinnen gibt, die ganz genau wissen, was die Frau von heute ausmacht. Sie selbst seien da recht naiv vorgegangen. Sie seien sich aber weitgehend einig, dass das traditionelle Bild der Frau eine wohl eher ideale Zuschreibung ist, die von Frauen liebenden Männern erfunden worden ist. Danach scheint die Frau der versöhnliche, ausgleichende und helfende, kurzum, der humane Teil der Menschheit zu sein –

ganz anders als der Mann, der eher die genau ent-
gegengesetzten Eigenschaften verkörpert. Das mag
sogar stimmen, sagen sie. Ihre Beobachtung sagt ihnen aber auch, dass gerade die politischen Frauen
mehrheitlich streitbar, kompromisslos und kriegerisch auftreten. Das sei nicht etwas wirklich Neues,
in der Betonung vor allem des Kriegerischen aber
doch verblüffend, wenn nicht beunruhigend. Was be-
unruhige, sei die Beobachtung, dass die aggressive Haltung prominenter Frauen zunehmend auch
Nachahmung bei anderen Frauen erzeugt. Unbestreitbar, dass der Ukraine-Krieg dabei eine entscheidende Rolle spielt. Allerdings können sie sich nicht erinnern, dass bei früheren Kriegen, die gleichfalls mit
äußerster Brutalität geführt wurden, eine ähnliche
Entwicklung bei Frauen beobachtet wurde. Wäre
das alles ungefährlich, könnten sie darüber hinweg-
gehen. Doch es ist gefährlich. Warum? Wenn sich
nicht nur Männer, sondern auch Frauen kriegerisch
zeigen, dürfte die Bereitschaft der Regierung, sich
auf kriegerische Aktionen einzulassen, dramatisch
zunehmen.

Eine Pause ist angezeigt. Sie springen von der
Mauer, bilden einen Kreis und umfassen die Schultern der Nachbarin. Dieses im Sport verbreitete Ritual ist von hoher Symbolik – jedes Mitglied der
Gruppe wird nicht nur von zwei Armen, sondern aufgrund der Geometrie des Kreises von allen Armen
umfasst. Der enge Kontakt ihrer Körper, die Ver-
kettung von Schultern, Armen und Händen, vermit-

telt die Unverbrüchlichkeit ihrer Freundschaft, ermöglicht eine innige Form der Selbstvergewisserung, wenn der Bund durch intellektuelle Scharmützel in Gefahr gerät, Brüche zu erleiden.

Anschließend schlendern sie durch die Burg und denken sich aus, was sie, so wie sie sind, in jener durch Mauern und Türme geschützten feudalen Gesellschaft hätten anstellen können. Das gerät eher in den Bereich des Märchenhaften, und da es schon so viele Märchen gibt, hat sich der Protokollant entschlossen, diesen Teil des Treffens auszulassen.

Einwanderung. Zurück auf der Mauer, sagt Berel: „Wir müssen noch, daran führt kein Weg vorbei, über die Migration reden. Menschen werden im Heimatland verfolgt, leiden Hunger, finden keine Arbeit, sind mittellos und haben viele Kinder. Getrieben von so viel Unglück, setzen sie unter Lebensgefahr alles daran, um irgendwie nach Europa, und wie sich herausstellt, vor allem nach Deutschland zu kommen."

Venja: „Das Thema beschäftigt in Deutschland seit Jahren Politik und Gesellschaft, bestimmt das Wahlverhalten und lässt Parteien nach rechts oder links schwenken. Dieses Thema bietet eine Plattform für Überzeugungen aller Art, das ganze Programm vom Helfersyndrom bis zu gewalttätiger Ablehnung, von weit geöffneten bis zu dicht verschlossenen Grenzen. Was können wir dazu beitragen?"

Sonja: „Das will ich dir sagen. Mit dem Zustrom von Flüchtlingen erstarkt der aggressive Rassismus in beängstigender Weise. Politisch profitiert vor allem die extreme Rechte. Sie gewinnt zwar keine Mehrheiten, aber verfügt inzwischen, mit zunehmender Tendenz, über bedeutende Minderheiten in ganz Europa. Hier in Deutschland ist die Situation besonders kritisch. Verschwörungstheorien werden unverblümt vom Rednerpult ins Publikum geworfen und von dieser mit großem Geschrei begeistert aufgefangen. Die Menge wird mit Parolen aufgeheizt, die an die Schreckensherrschaft der Nazis erinnern. Liebe Freundinnen, es ist äußerste Wachsamkeit geboten!"

Genia: „Sollten, in Konsequenz dessen, was du gerade angeführt hast, diese Leute nicht Redeverbot erhalten? Die Partei, der sie angehören, ausgeschlossen werden?"

Sonja: „Seien wir ehrlich. Inzwischen haben große Teile der *demokratischen Mitte* die Slogans der extremen Rechten übernommen. Aber unterschwellig gab es sie schon lange. Diese Leute haben es Kanzlerin Merkel nie verziehen, dass sie 2015 die Grenzen hat öffnen lassen. Und jetzt sind da die Messerstecher aus Syrien, Afghanistan etc. Diese Fanatiker sind Wasser auf die Mühlen derer, die schon immer vor den unberechenbaren Einwanderern gewarnt haben. Dass Deutschland und Europa mit denen überfordert sei. Das mag in Teilen zutreffen. Dient bei den Scharfmachern aber nur dazu, ihre Wähler bei Laune zu halten. Und keine Parole ist ihnen zu billig, um die Migranten in ihrer Gesamtheit zu diskreditieren. Härte jetzt, ist die stramme Parole, Abschiebung, Abweisung, Abkehr vom Asyl. Das kommt an, der Augenblick war noch nie so günstig wie jetzt. Verbote sollen her. Das ist nicht die Lösung. Schnell werden Verbote in jederlei Richtung ausgedehnt. Nein. Das muss eine Demokratie aushalten. Hier kann sie sich bewähren. Argumente, Diskussionen sind angesagt. Letztlich wird man auch hier Kompromisse finden müssen zwischen den Interessen der Eingesessenen und den Bedürfnissen der Hilfesuchenden."

Berel: „Von Verboten halte auch ich nichts. Damit werden die Probleme nicht gelöst. Im Gegenteil. Sie werden eher verschärft. Unsere Aufgabe sollte sein, dagegenzuhalten, wo immer wir diese Unverbesserlichen treffen."

Venja: „Das haben die Demonstrationen der *demokratischen Mitte* beabsichtigt, über die ihr, wenn ich daran erinnern darf, wenig Positives zu sagen hattet."

Sonja: „Aber nein doch; diese Demonstrationen wurden populär, es war schick, dabei zu sein, sie hatten keine weitere Bedeutung…"

Genia: „Schluss jetzt! Wir haben darüber geredet, das Thema ist abgehakt."

Venja: „Ich bin dafür, die Rechten hier und heute und morgen und überhaupt zu ignorieren. Schon allein deshalb, weil sich so viele an denen abarbeiten. Wir müssen uns um die *demokratische Mitte* kümmern. Die ist nämlich drauf und dran, nach rechts zu schwenken. Nicht nur in Deutschland, nein, nach rechts geht es in ganz Europa und den USA."

Genia: „Das zeigen die Wahlen. Auslöser ist die Flüchtlingsfrage. Die Eingesessenen sind eifersüchtig; sie haben Sorge, dass sie zu kurz kommen. Dass sie zurückstehen müssen, sich alles nur noch um die Flüchtlinge dreht, ihre Sorgen dagegen unter den Tisch fallen."

Berel: „Kommen wir zurück zur Migration. Was gibt es dazu Neues, was wir noch nicht wissen?"

Sonja: „Ich möchte die Wurzeln, die Hintergründe ins Bewusstsein rücken. Länder, die der NATO angehören, Mitglieder der EU sind, oder den G7-Gipfel bilden: genau diese Länder rühmen sich ihrer demokratischen Verfassung und sehen sich als den besseren Teil der Welt. Und es sind eben diese, die hundert Jahre und mehr über Afrika, Asien und Südamerika geherrscht haben. Die Menschen dort haben die Unmenschlichkeiten der Kolonialherren nicht vergessen, die Vergangenheit lässt sich nicht vertreiben, die Folter, Lager, Vertreibungen. Sie wissen, dass zu weit überwiegendem Teil der Westen die Klimakrise verursacht. Sie erfahren alles am eigenen Leibe – die Hitze, die Wirbelstürme, den Wassermangel, die Überflutung. Die neuen Herrscher, Männer aus dem eigenen Land, haben von den Imperialisten gelernt. Und das ist die Tragödie. Es regiert das Kapital, wie im liberalen Westen, aber nicht in liberalem Zuschnitt, sondern als Diktatur, die sich mit Hilfe weitverzweigter Korruption am Leben erhält. Diese neuen Herren erzeugen mehr Ungleichheit als je zuvor."

Genia: „Als Absatzmärkte sind die armen Länder willkommen, als Anbieter von begehrten Rohstoffen unentbehrlich. So reichen sich die Länder des Süden und die des Nordens, trotz eklatanter Differenzen, des gegenseitigen Vorteils willen die Hände."

Berel: „Es ist richtig, an den Kolonialismus zu erinnern, der noch immer seine Schatten auf die armen Länder der Erde wirft. Der, wenn auch nicht direkt, wohl aber indirekt die Flucht nach Europa antreibt. Dazu kommt, dass staatliche Strukturen, autoritäre, auch diktatorische, doch irgendwie funktionierende und zusammenhaltende, von heute auf morgen von der westlichen Kriegsmaschinerie angegriffen, zerstört und ausgelöscht wurden. Danach ging die Macht an Terroristen. Das treibt die Menschen aus Afghanistan, Syrien, Irak, Libyen etc. seit Jahren massenhaft nach Europa. Sie fliehen, auf der Suche nach Sicherheit für sich und die ihren. Frauen wollen Frauen sein, nicht bis zur Unkenntlichkeit vermummt von einem Haus ins nächste fliehen, wenn sie die Nachbarn besuchen. Diese Leute riskieren ihr Leben, um im reichen Teil der Welt Unterkunft und Arbeit zu finden und ihren Kindern eine Perspektive zu bieten, jenseits von Armut und Hoffnungslosigkeit, die in ihrer Heimat herrschen."

Tosca. „Vergegenwärtigt euch die Widersprüche! Einerseits lässt man die Fliehenden im Mittelmeer ertrinken. Andererseits braucht man Arbeitskräfte, damit im Westen die Alten und Kranken gepflegt,

Straßen und Häuser gereinigt, die Früchte des Feldes geerntet werden können. Man braucht und nutzt sie an der Werkbank, an der Kasse der Kaufhäuser, als Bauarbeiter. Man bietet ihnen gute Gehälter, sollten sie sich als die händeringend benötigten Computer-Experten erweisen. Bevorzugt sie bei ihrer Einbürgerung, macht sie zu Millionären, wenn sie den Fußballverein verstärken oder der Olympiamannschaft zu Medaillen verhelfen."

Berel: „In der französischen und englischen Fußball-Nationalelf spielt vor allem Afrika. Bei den Olympischen Spielen dominiert in vielen Disziplinen Afrika. Menschen afrikanische Herkunft kämpfen im Sport um erste Plätze und mehren Glanz und Gloria ihrer einstigen Kolonialherren. Zugleich ist Afrika in London und Paris quasi perspektivlos in Ghettos zusammengedrängt."

Sonja: „Unterschätzt nicht den Machtanspruch der Eingesessenen. Selbst ich als Deutsche habe schlechte Erfahrungen gemacht, als ich außerhalb von Freiburg eine Wohnung auf dem Land gemietet habe. Da durfte ich Leute kennenlernen, deren Vorfahren schon seit Jahrhunderten an gleicher Stelle wohnten. Ihr werdet es euch nicht vorstellen können. Die haben mich als Einwanderin behandelt, die dahin zurückgehen solle, wo ich hergekommen sei. Sie würden die Regeln bestimmen, nach denen gelebt würde in dieser Gemeinde. Ich mochte es kaum glauben, was ich da an Anmaßung und Ausgrenzung, Vorurteilen und Ablehnung vorgefunden habe."

Berel: „Das ist fast Gesetz. Die Eingesessenen betrachten das Land als ihr Land, die Straßen als ihre Straßen, die Gemeinde als ihre Gemeinde. Da wird man als Neuankömmling in den Migrantenstatus versetzt. Es heißt, sich unterzuordnen, willst du in Ruhe leben. So was gibt es übrigens auch in Schweden. Eher auf dem Land. In der Stadt verwischen sich die Unterschiede."

Venja: „Apropos Unterschied: Wir Fünf kommen damit zurecht, auf die eine oder andre Weise, die Migranten aus dem Süden können das zumeist nicht."

Berel: „Andererseits gibt es doch auch eine nicht unbedeutende Anzahl von Helfern und Helferinnen, die 2015 und später die Flüchtlinge freudig begrüßten, als hätte man schon lange auf sie gewartet. Mir sind die Bilder dazu noch sehr klar vor Augen. Von dieser exorbitanten Hilfsbereitschaft ist, auch angesichts der zahlreichen Gewalttaten, die meist von unbegleiteten jungen Männern verübt wurden, vermutlich nicht mehr viel geblieben. Machen wir doch mal die Probe aufs Exempel: wer von euch ist bereit, eine Familie aus Syrien aufzunehmen, vorausgesetzt, es gäbe in eurem Haus genügend Platz?"

Sonja: „Vergewaltigungen, Messerattacken, auch Mord, wie zum Beispiel in Freiburg vor Jahren geschehen, müssen wir ernst nehmen. Da ist eine echte Gefahr entstanden. Die Gesellschaft ist zu Recht aufgebracht. Nur, hatte sie das nicht immer schon befürchtet? Die Parolen der Rechten und vieler anderer, die sich nicht als politisch rechts empfinden, scheinen sich zu bestätigen."

Berel: „Sonja, das ist nicht die Antwort auf meine Frage."

Venja: „Hätte ich zwei Wohnungen, würde ich eine davon zur Verfügung stellen. Hätte ich nur eine, würde ich innehalten. Meine Zustimmung würde von vielerlei Umständen abhängen. Zum Beispiel: Gefällt mir die Familie, was hat sie vor, woher kommt sie, warum ist sie hier, ist genügend Platz für alle? Ich für meinen Teil müsste lange überlegen. Und weiß im Augenblick nicht, ob ein Ja oder ein Nein herauskommen würde."

Berel: „Noch einmal. würdet ihr eine Familie aufnehmen? Meine Antwort lautet: Ich wäre dann bereit, wenn es sich um eine klar definierte, vorübergehende Unterbringung handelte, so etwa für einen Monat. Vielleicht auch mehr..."

Man zögert, man runzelt die Stirn, man wiegt den Kopf, rauft die Haare, reibt die Augen, hebt und senkt die Brust. Zupft die Augenbrauen. Nestelt die Finger. Eine Antwort lässt auf sich warten. In ihren klugen Köpfen geht es hin und her. Berel hat ein Phänomen von gesellschaftlicher Bedeutung aufs Private heruntergebrochen. Großzügigkeit und Hilfsbereitschaft zu fordern ist das eine, sie zu realisieren, das andere.

Das Ferienhaus. Tosca schlägt vor, dieses Thema fürs erste zurückzustellen, eine Lösung des Problems würde ihnen ohnehin nicht gelingen. Sie sollten sich wieder in Gebiete zurückbegeben, wo auf sicherem Grunde sie sich bewegen können. Wenngleich auch dieses kein leichtes ist: die Künstliche Intelligenz. Das aber, so betont sie, sollte nicht jetzt, nicht hier und schon gar nicht vor dem zu Bett gehen erörtert werden. In Gedanken versunken, schreiten sie geradewegs in Richtung Herberge, der Ferienwohnung von Toscas Tante entgegen.

Diese ist überraschend geräumig. Für jede gibt es ein eigenes Zimmer mit Bett, Tisch, Stuhl und Schrank. Alles aus Nussbaum, alles uralt, mit vielerlei Kerben und Spalten, Zeichen des Gebrauchs und Folgen von wechselnder Feuchtigkeit und Temperatur. Die Betten sind hochbeinig und mit einer Matratze bestückt, deren Inneres mit Schafwolle gefüllt ist – eine aus der Zeit gefallene Methode. Die schafwollene Matratze verfügt, neben einigen guten Eigenschaften, über den erheblichen Nachteil, dass sie schon nach relativ kurzem Gebrauch in der Mitte hart wird, während die Ränder weich bleiben. Die Erklärung ist diese: wo sie belastet wird, verfestigt sie sich, und wo das nicht geschieht, bleibt sie locker und geschmeidig. Um diesem Übel abzuhelfen, müsste sie tagtäglich gewendet und mindestens einmal im Jahr geöffnet und die Wolle gezupft und neu positioniert werden. Das ist zu viel des Guten, und folglich verstetigt sich das Dilemma: in der Mitte hart und an den Rändern weich. Die Fünf sagen sich, besser diese als gar keine.

Die Wände des Hauses sind aus rohem Stein und Fußboden und Decke aus Eichenbohlen gefertigt, deren Alter Jahrhunderte zählen dürfte. Aber nichts und niemand konnte ihre Konsistenz erschüttern, sie haben sich in Form gehalten.

Venja hat sich in einer etwas modrig riechenden Baumwolldecke eingerollt und überdenkt ihre baldige Abreise nach Oxford. Das würde sie noch weiter von ihrer Heimat entfernen. Und dazu noch ganz allein unterwegs. Wäre weniger schwierig, würde sie einen Mann finden, der sie begleitet. Aber dazu reicht die Zeit nicht. Vielleicht dort einen kennenlernen? Sie fühlt sich in diesem Augenblick sehr allein.

Venjas Wünsche. Venja zu sich: „Ich wünsche mir, wünsch ich es wirklich? Ja, ich wünsche mir

einen Mann, der wissbegierig und intelligent,
einen Mann, der verlässlich,
einen Mann, der ernsthaft und fröhlich,
einen Mann, der wagemutig wäre;
ich wünsche mir einen Mann, der mir Lust macht,
einen Mann, der mit mir umgehen kann,
einen Mann, den ich gern anschaue,
ich wünsche, dass es ihn gäbe."

Künstliche Intelligenz. Nach dem Frühstück. Berel macht den Anfang. „Künstliche Intelligenz ist doch eigentlich ein alter Hut. Darf ich euch daran erinnern, dass vor dreißig Jahren Hans Moravec sein Buch *Mind Children* veröffentlicht hat, in dem er von der glänzenden Zukunft der autonomen Roboter schwärmte..."

Tosca: „und Negroponte sein *Being Digital* publizierte..."

Sonja: „oder Convay *Artificial Life* als Computer-Spiel erfand..."

Genia: „Neuronale Netze erdacht wurden...

Tosca: „Marvin Minsky über maschinelle Intelligenz orakelte und in allen Informatik-Fachbereichen rund über den Globus KI-Institute entstanden..."

Genia: „und großes Geld in Forschungsprojekte gesteckt wurde..."

Tosca: „was natürlich nie reichte und die Regierungen zu noch mehr Förderung anstachelte..."

Berel: „so dass nach Jahren des Experimentierens Roboter Maschinen ersetzen und Computer irgendeine Sprache in irgendeine andere übersetzen konnten..."

Venja: „und die *neuronalen künstliche Netzwerke* und deren Weiterentwicklung, überhaupt alles, was unter der Bezeichnung *maschinelles Lernen* segelt, zu Hilfe kam."

Venja: „Liebe Freundinnen, mir scheint, wir wissen, wovon wir reden. Unter KI hat sich alles mögliche versammelt, der aktuelle Hype ist eher der Tatsache geschuldet, dass die Digitalisierung nicht vorwärts kommt, und von der Politik davon ausgegangen wird, dass eine Intensivierung der KI es dann schon richten wird. Vieles in der Diskussion deutet darauf hin, dass alter Wein in neue Schläuchen gegossen wird."

Sonja: „Gemach. So einfach machen wir es uns nicht. Keine von uns ist Expertin auf diesem Gebiet, würde ich behaupten. Genia zum Beispiel kennt die eine oder andere Technik, wir anderen wenden sie an, ohne ihre Funktionsweisen im einzelnen zu kennen. Soweit richtig?"

Die Angesprochenen nicken zustimmend.

Sonja: „Wir können uns aber, auch wenn wir keine Expertinnen sind, mit den Auswirkungen von KI beschäftigen. Wir dürfen das Umfeld, in dem sie Bedeutung erlangt hat, die Ansprüche, die um sie herum entstanden sind, die Versprechungen, mit denen die KI-Industrie wirbt und die von der Politik dankbar aufgegriffen werden, all das dürfen wir mit Fug und Recht kritisieren. Das tun selbst die Erfinder der KI, oder diejenigen, denen sie zugeschrieben wird; sowie die Ethik-Kommissionen, Soziologen, Philosophen, auch die Gewerkschaften, die sich um Arbeitsplätze sorgen.

Langer Rede kurzer Sinn: mir stößt auf, dass sich Ethik und Religion am Wort *künstlich* reiben. Intelligenz soll *natürlich* sein. Andererseits - was ist nicht alles künstlich heutzutage! Der Schnee, der nicht fällt, wird - allem Klimaschutz zum Trotz - durch Kunst-Schnee ersetzt, und Bau-, Bekleidungs- und Nahrungsmittel-Industrie haben sich den Kunststoffen verschrieben; nicht zu reden von der künstlichen oder virtuellen Realität, mit denen den Kindern das Spielen mit Bauklötzen ausgetrieben wird.

Hier ist das Künstliche zur Selbstverständlichkeit geworden."

Berel: „Die künstliche Befruchtung. Ein Megaprofit für die Reproduktions-Industrie. Frauen und Männer, die unbedingt eigenen Nachwuchs haben wollen, was aus diversen Gründen nicht gelingt, greifen zu künstlichen Hilfen, um ihn zu realisieren."

Genia: „Würdest du?"

Berel: „Niemals. Wenn es nicht geht, dann geht es eben nicht."

Genia: „Die Gentechnik, eine Verwandte der KI, manipuliert die genetische Ausstattung von Pflanzen und ist dabei, ähnliches auch beim Menschen zu versuchen. Die Medizin tauscht seit Jahren krankhafte Organe gegen gesunde, Virologen manipulieren lebensbedrohende Viren zu nützlichen Helfern. Stets ist KI dabei. Sie hilft, die Gefahren zu minimieren, die beim Ersatz des Natürlichen durch das Künstliche entstehen. Wobei ich auch den Ersatz, sollte er natürlichen Ursprungs sein, aus Überzeugung, als künstlich bezeichnen würde "

Berel: „Heißt das, dass wir den Begriff des Künstlichen neu überdenken müssen? Dann aber ist auch das Natürliche an der Reihe. Das eine wie das andere verlangt nach neuer Deutung."

Genia: „Das ist Aufgabe der Philosophie."

Tosca: „Was spricht dagegen, wenn wir weniger technisch, mehr philosophisch würden?"

Genia: „Philosophie beschäftigt sich, unter anderem, mit den Schwierigkeiten, denen wir im Leben ausgesetzt sind, tut das im modernen Sinn auf der Basis naturwissenschaftlicher Erkenntnisse. Sie versucht, daraus eine Ethik zu machen."

„Von wem hast du das?" Venja will das gar nicht wissen, will nur ein bisschen sticheln. Denn sie weiß, dass alles von irgendwem irgendwann ausgedacht worden ist, und dass das eigene, dazugetane nur ein bisschen ist, ein Staubkörnchen im Kosmos der sich über Jahrtausende erstreckende Erkenntnis und des Wissens. Genia nennt John Dewey, den amerikanischen Professor, und charakterisiert ihn als den Begründer einer Philosophie der Praxis, oder wie die Gelehrten sagen, der Philosophie des Pragmatismus:

„John Dewey finde ich sehr klar, verständlich und von großer Bedeutung für das Jetzt. Er ist fast hundert Jahre alt geworden und hat das neunzehnte und zwanzigste Jahrhundert jeweils zur Hälfte erlebt. Seine Abhandlung *Reconstruction in Philosophy* ist gut lesbar, im Gegensatz zu den deutschen Philosophen, die ich wegen der komplizierten Schreibe kaum verstanden habe. Er kommt auch gut weg bei Bertrand Russell in seiner *Philosophie des Abendlandes.* Und das will was heißen!"

Venja: „Von Russell habe ich gehört, von Dewey nicht. Wie kann das sein?"

Tosca: „Venja, die Frage musst du dir selbst beantworten."

Berel: „Ich will mir den Namen merken und herausfinden, ob ich ihn verstehe. Aber zurück zu unserem Thema. Die sogenannte *starke* KI hat den autonomen Roboter längst hinter sich gelassen und arbeitet an menschenähnlichen Gebilden. Durch Implantation des Geistes, der dem Eigentümer im Todesfall entnommen wird, in die körperlose Hülle des künstlichen Menschen, der dadurch unsterblich werden wird."

Genia: „Schreckliche Phantasien. Ich glaube nicht, dass daraus etwas wird. Wir alle wissen, dass jede neue Technologie ihre guten und ihre schlechten Seiten hat. Um die schlechten hat sich jahrelang die sogenannte Technologie-Folgen-Forschung gekümmert. Allerdings ohne größere Wirkung zu entfalten. Das ist Schnee von gestern. Wir alle sind jetzt aufgefordert, das Gute gegen das Schlechte abzuwägen."

Sonja: „Künstliche Intelligenz oder Digitalisierung, die Begriffe gehen durcheinander, sind aber de facto miteinander verknüpft. Die Digitalisierung hat den Niedergang des Kundendienstes zur Folge. Bei telefonischer Anmeldung, seien es die Krankenkassen, Stadtverwaltungen oder eine Firma, Bahn, Sparkasse oder Krankenhaus – die übrigens alle einen umfänglichen Kundendienst versprechen – muss man sich zunächst durch einen Dschungel unsinniger Fragen kämpfen. Missverständnisse häufen sich. Die Irrfahrt endet dann häufig im Nichts – man hört das Besetzt-Zeichen und gibt auf."

Berel: „Nehmen wir folgende Alltäglichkeit in den Blick. Mein Computer erfreut mich wöchentlich mit einem Blue-Screen. Auf dem Bildschirm nichts als

Blau. Der Hersteller offeriert Hilfe. Er hat eine Liste möglicher Fehler, die für das Blau verantwortlich sein könnten. Diese Liste enthält mit hundertprozentiger Wahrscheinlichkeit nicht das Problem, das dir das Leben schwer macht. Als weitere Hilfe gibt es die sprachgesteuerte, piepsige Stimme aus dem All. Auch diese weiß nicht weiter. Das ganze nennt sich KI. Der Schirm ist weiterhin Blau. Was fehlt? Der Mensch, der berät. Anderes Beispiel. Die Eigenmächtigkeit von Textsystemen. Sie haben herausgefunden, dass ich mehrmals das Wort „eifersüchtig" verwende. Also soll es auch im nächsten Satz passen. Und plötzlich steht es im Text, und ich kann es kaum wieder loswerden, weil der Notausgang im Programm fehlt. Auch das nennt sich KI."

Sonja: „Was aus deiner Schilderung hervorgeht, ist doch dieses: es gibt seit einiger Zeit eine dramatische Verschlechterung der guten Dienstleistung, sei es die sachkundige Stimme einer Frau im Telefon oder der Fahrdienstleiter in der Bahn, der den Fahrplan samt Anschlüssen und Umsteige im Kopf hatte, oder die verständnisvolle Hilfe beim Arzt, wenn um einen Termin gebeten wurde...

Man pausiert, folgt den eigenen Überlegungen, sammelt Argumente. Fragt sich: Haben wir etwas vergessen? KI ist so ungemein vielschichtig. Es wäre nicht gut, wenn ein wichtiger Aspekt unausgesprochen bliebe. Denn wir müssen vorbereitet sein, eine Idee haben, wie wir in naher Zukunft damit umgehen. Wir sind noch jung, wir werden voll und ganz im Zeitalter der KI leben, im Gegensatz zu unseren Eltern und Großeltern, die davon nichts ahnten, und doch auch diese in einem Zeitalter der großen Umwälzungen gelebt haben, denken wir an die Quantenmechanik und Satellitentechnik. Und davon nicht den Schimmer einer Ahnung hatten. Aber eben auch nicht in dem Ausmaß davon berührt wurden, wie wir aller Voraussicht nach von der KI.

KI plus, KI minus. Venja: „Wollen wir nicht auch das Positive sehen? Haben wir nicht schon bessere Beispiele angeführt?"

Genia: „Ach mir wird so wohl ums Herz, wenn ich dank KI den automatischen Übersetzer aufrufe, der mein Russisch in lesbares Deutsch transkribiert!"

Berel: „Was haltet ihr davon: Eine intelligente Telemedizin erkennt aufgrund der Beschreibung des Patienten, was fehlt und welche Behandlung angesagt ist. Aber nach allem, was ich aus der Medizin höre, sind wir davon leider noch meilenweit entfernt."

Venja: „Das sehe ich etwas positiver. KI hört mit und extrahiert aus dem Kauderwelsch des Patienten dessen Anliegen. Was in Folge die Ärztin oder Arzt befähigt, mit Hilfe der KI das Richtige zu tun."

Berel: „Die Interpretation von Röntgen- und MRT-Bildern könnte bahnbrechend werden. Da geht es um Mustererkennung. KI macht das unter Zuhilfenahme einer Datenbank ungeheurem Ausmaßes. Maschinelles Lernen. Sollte das Ergebnis mit der Interpretation der Röntgenologin übereinstimmen, wird es jene dankbar annehmen. Sie sagt sich: Wenn ein kluger Kopf, mehrfach klüger als ich selbst, mit mir übereinstimmt, dann muss ich richtig liegen."

Tosca: „Probleme entstehen, wenn es keine Übereinstimmung gibt. Was dann?"

Berel: „Weiß ich nicht. Muss ich auch nicht wissen, denn ich bin keine Röntgenologin, werde es auch nie sein. Aber die Frage hat natürlich ihre Berechtigung. Ich sehe zwei Arten der Reaktion auf KI. Erstens: Wir loben sie, weil sie uns Entscheidungen abnehmen kann. Zweitens: Wir fürchten uns, weil sie sich als ebenbürtig, wenn nicht gar überlegen zeigt."

Genia: „Drittens: Wir sorgen uns um unsere Arbeitsplätze. Wir sehen unsere Autonomie gefährdet. Sie sagt: lass das mich mal machen. Ich kann das besser als du. Und wenn das stimmt? Dann trösten wir uns mit der Feststellung, dass wir es doch waren, die KI dazu ermächtigt hat, Entscheidungen zu treffen. Ohne uns keine KI. Das wird gerne vergessen."

Tosca: „Also fällt künstliche Intelligenz letztlich dann doch mit natürlicher zusammen? Wenn die eine nicht mehr von der anderen unterscheidbar ist?"

„Vielleicht..."

KI und Waffen. Sonja: „Über eine potenziell gefährliche Seite der KI haben wir bisher noch nicht gesprochen. Ich meine die Rolle, die sie seit geraumer Zeit im militärischen Bereich spielt. Sie spioniert, findet den Feind und veranlasst dessen Auslöschung. Auf die Entwicklung des militärischen Potentials der KI konzentriert sich das besondere Interesse der militärischen Eliten. Dafür werden staatliche Institutionen aufgebaut. Ein neuer Wettbewerb, der Wettlauf um die klügsten Köpfe, ist entbrannt."

Genia: „Computerexperten, überwiegend jung, ohne Bindung, werden mit viel Geld gelockt, in Labore eingesperrt und aus diesen erst dann wieder herausgelassen, wenn ein Gerät, eine Drohne zum Beispiel, konzipiert ist, die intelligenter als alles bisher bestehende ist. Das geschieht unter größter Geheimhaltung. Die kriegerischen Länder, wie Russland, USA, China, Israel usw. setzen alles daran, Vorsprünge zu erarbeiten. Wie einst die Amerikaner, vor achtzig Jahren, bei der Entwicklung atomarer Abschreckung."

Sonja: „Die Rüstungsindustrie macht Extraprofite. Der Chef des Rüstungskonzern geht, wie im Fernsehen zu sehen, jetzt nur mit schusssicherer Weste, flankiert von zwei schwer bewaffneten Männern, aus dem Haus. Ein mächtiger Mann, der es geschafft hat. Vor Jahren noch unauffällig, ungeliebt, ein notwendiges Übel in einer von Frieden verwöhnten Welt. Jetzt zum weltweit geschätzten, geehrten Produzenten von unentbehrlichem Kriegsgerät aufgerückt. So können sich Zeiten ändern."

Berel: „Und das alles eine Folge von Russlands Aggression..."

Genia: „Zu einfach, Berel. Es handelt sich um eine Entwicklung von langer Hand. Die aktuellen Kriege haben sie nochmals angefeuert, soweit stimmt dein Argument. Was mich beunruhigt, ist die Behauptung, mit KI gestylte Waffen seien ein Segen. Angeblich ein humaner Aspekt im Meer der Unmenschlichkeiten. Ihnen wird zugeschrieben, dass sie angesichts ihrer großer Präzision die Verluste der Bevölkerung auf der anderen Seite mindern."

Venja: „Gesetzt den Fall, den Waffen wird Autonomie gegeben. Sie wollen sie nutzen. Sie wollen entscheiden, wen und was sie treffen. Das Militär zögert. KI droht mit Streik. Sollen wir oder sollen wir nicht? Unsere Waffen drohen mit Streik. Also geben wir nach, so wie Biden dem Selensky irgendwann nachgeben wird, wenn er um Erlaubnis nachsucht, amerikanische Waffen auf Moskau abzufeuern. Aber was wäre, wenn sich der Angreifer nicht auf seine Waffen verlassen könnte? Wenn diese aus diesem oder jenem Grund umdrehen und auf den eigenen Stellungen niedergehen?"

Tosca: „Ich habe gezählt und schon jetzt mindestens vier Fragen gefunden, die wir nicht beantworten können. Zumindest nicht jetzt, und vermutlich auch nicht in ein paar Monaten. Sollten wir folglich nicht einhalten? Wir verlieren, wenn wir so weitermachen, den Überblick."

Resignation bemächtigt sich der Fünf. Man wird die Entwicklung der KI, insbesondere ihre bedrohliche, gefährliche Seite ebenso wenig beeinflussen können, wie vor achtzig Jahren die Entwicklung der Atombombe. Um die lähmenden Gefühle wieder loszuwerden, springen sie kurz entschlossen von der Mauer und machen sich auf, das Innere der Insel zu erkunden.

Im Restaurant. Am Abend gönnen sie sich ein Essen in einem eher unscheinbaren Restaurant, mitten in Castello di Giglio. Dort sollen, so die Tafel vor dem Eingang, originale Gerichte der toskanischen Küche serviert werden. Tosca nimmt *spaghetti del mare*, Berel *pesce fresco*, Genia *ravioli al gambero*, Sonja leistet sich ein *coniglio al cacciatore*, und Venja versucht eine Pizza, in der Annahme, dass man damit eigentlich nichts falsch machen kann. Die außerdem hinreichend umfangreich sein sollte, wie sie sagt, um ihren ungewöhnlichen großen Hunger zu stillen. Die Preise sind klein, so dass auch noch eine Flasche Wein getrunken werden kann. Sie speisen fürstlich und lassen sich Zeit. Sonja ist beim Essen die langsamste; als die anderen schon Messer und Gabel beiseite legen, hat sie erst die Hälfte bewältigt. Da ihr Appetit gestillt zu sein scheint, teilt sie die noch übrige Hälfte des Kaninchens in vier Häppchen, die im Nu von den Freundinnen verspeist werden.

Schräg gegenüber sitzen drei jüngere Männer. Sie betrachten mit zunehmendem Interesse die Fünf.

„Da dove vengono? La lingua sembra tedesca. Vogliamo parlare con loro? Forse passeremo una serata colorata."

Und leise, die Köpfe zusammengesteckt: „Digli che siamo marinai. Vediamo se la cosa va bene."

Der Größere von den drei steht auf, geht zum Tisch und fragt, eher zurückhaltend:

„Scusate, signore, siamo curiosi, da dove venite? La lingua ci sembra tedesca."

Tosca übersetzt, denn die vier anderen verstehen kein Wort. „Die wollen wissen, von wo wir sind. Soll ich's ihm sagen?

„Warum nicht? Er ist ein hübscher Mann, mit guten Manieren."

Tosca sagt: „Sì e no. Veniamo da paesi diversi. Uno di questi è la Germania. E tu?"

Der Größere: „Siamo marinai, andiamo per mare. Questa notte dobbiamo tornare alla nostra nave."

„Dove andate?"

Seemann: „Messico, Brasile, poi di nuovo in Italia."

Genia vernimmt das Wort Mexiko. „Sind sie aus Mexiko?"

Tosca: „Nein, sie fahren zur See. Noch heute nacht müssen sie zurück auf ihr Schiff, es geht nach Mexiko."

„Ach, wie schön..."

„Wollen wir sie einladen? Ein bisschen Abwechslung wird nicht schaden."

„Seeleute wäre ja mal was ganz Neues."

Tosca: „Volete fermarvi con noi per un po'? O state ancora aspettando il vostro pasto?"

Seemann: „No, abbiamo già mangiato. Sì, molto

volontieri. Il suo invito è molto gentile."

„Er sagt, sie würden gern kommen."

Die fünf rücken zusammen, machen Platz für die drei Seeleute.

Tosca: „Parlate Inglese? Le mie amiche non capiscono l'italiano."

Seemann: „In Italia si parlano italiano." Nach kurzer Beratung mit den beiden anderen: „Scusate signore, naturalmente ci proviamo, ma non abbiamo pratica."

Es entsteht ein munteres Gespräch, wenngleich der Redefluss angesichts der rudimentären Kenntnisse des Englischen, das in Italien zwar gelehrt, aber kaum je gesprochen wird, immer wieder ins Stocken gerät. Dann hilft Tosca aus, übersetzt in Windeseile ins Deutsche, und ermuntert die Drei aufs Neue, doch wieder ins Englische zu wechseln. So geht das hin und Her. Wenn es schwieriger wird, in Italienisch, die leichteren Passagen in Englisch. Zusammengefasst, ist folgendes zu berichten.

Nachdem die vermeintlichen Seemänner selbst einfachere Fragen von Genia, die Geographie der südamerikanischen Küste betreffend, nicht recht beantworten können, und den Fünf die Angelegenheit immer spanischer vorkommt, nehmen die drei Männer sich ein Herz und erklären sich zu Doktoranden, die in Rom studieren, ein Segelschiff gemietet haben, drei Tage auf dem Mittelmeer gekreuzt, in Giglio an Land gegangen sind und morgen in der Frühe wieder aufbrechen müssen, um rechtzeitig das Schiff dem Eigentümer zurückzugeben.

Die Fünf nehmen das Geständnis von der heiteren Seite.

„Ihr habt uns aber was vorgemacht. Welche Absicht habt ihr verfolgt", will Berel wissen.

„Es war so ein Einfall. Vielleicht um zu testen, ob wir als Seemänner besser ankommen. Un studente di dottorato ist doch heutzutage ein Nichts."

„Wie heißt ihr? Ihr habt euch nicht einmal vorgestellt."

„Unsere Namen beginnen alle mit P", sagt der Größere. „Ich bin Paolo, er ist Pietro und dieser hier, unser Kleiner, ist Pepe."

Pepe: „Aber jetzt wollen wir auch eure Namen erfahren."

Nachdem die fünf Namen aufgerufen und zugeordnet sind, fragt Venja:

„An welcher Uni seid ihr denn?"

„In der Sapienza in Rom. Wir studieren Wirtschaftswissenschaften. Die mathematische Seite davon. Ziemlich kompliziert."

„Wie weit seid ihr?"

„Wir brauchen bestimmt noch ein Jahr. Und ihr?"

„Wir haben unsere Arbeiten beendet. Sind frisch promoviert."

Großer Beifall, Pepe bestellt eine Flasche Spumante.

„Habt ihr Pläne? Was kommt nach dem dottorato?"

„In Italien gibt es für Wissenschaftler keine Perspektiven. Es sei denn, du hast Beziehungen. Die haben wir leider nicht. Wir werden es in den USA oder England versuchen. Habt ihr denn schon einen Job?"

„Mehr oder weniger. Wir sind zufrieden."

„Wären wir auch gerne. Schade, das wir schon morgen abfahren müssen. Aber jeder Tag kostet uns dreihundert Euro."

„Und ihr seid richtige Segler? Also dann doch gar nicht so weit von einem Seemann entfernt!", konstatiert Sonja.

Die Antwort kommt in Italienisch:

„Abbiamo un diploma che ci autorizza a navigare su una barca attraverso l'oceano."

„Bravo", sagt Tosca, „sie haben ein Diplom, mit dem sie sogar hochseetaugliche Boote segeln dürfen."

„Wie kommt ihr mit Giorgia Meloni zurecht?", fragt Sonja.

„Pietro, du bist unser Politiker, wie finden wir Giorgia?"

„Giorgia kann reden, da kann niemand mithalten. Schnell und sehr sehr laut. Die hat eine Röhre, ich meine ihre Stimme. . . Sie kommt aus Rom. Sie hat Charisma, das darf man ihr nicht absprechen. Sagt: I am a leader, not a follower."

„Ihr rechter Radikalismus?"

„Den hat sie sehr schnell zurückgenommen, als sie die Wahl gewonnen hat. Natürlich ist sie rechts außen, aber damit kann man hier in Italien gut leben.

Hauptsache, es kommt weiterhin Geld aus der EU. In Italien gilt die Regel: niente si mangia caldo quanto è cotto.

Tosca: "Würde in deutsch heißen: es wird nichts so heiß gegessen, wie es gekocht wird."

Sonja: „Ist es das Rezept? Um die Rechtsaußen handzahm zu machen, muss man sie an der Regierung beteiligen? Wie seht ihr das?"

„In Italien funktioniert das, in Deutschland eher nicht. Eure Rechtsradikalen sind aus härterem Holz geschnitzt."

„Damit könnte Pietro recht haben", sagt Venja.

Der Prosecco neigt sich dem Ende, die Fünf haben davon nur genippt, schließlich hatten sie vorweg schon ein ordentliches Glas Rotwein. Der Gesprächsstoff scheint erschöpft. Die Redepausen werden länger, die Fünf reden für sich, so auch die Drei, schließlich:

Pepe: "Vielleicht sehen wir uns wieder einmal.'"

„Ja vielleicht."

„Auf Giglio?"

„Warum nicht. Dann gibt es eine Segeltour, nicht gleich nach Mexiko, vielleicht nach Korsika?"

„Abgemacht!"

„Promessa da marinaio", spottet Tosca.

Man tauscht Adressen, man weiß ja nie. Sie werden bei den Fünf im Kästchen landen, geschaffen für das Format der Visitenkarte, davon gibt es zahlreiche, und fast alle sind nie wieder hervorgeholt worden.

Bei den italienischen Doktoranden ist der Protokollant sich da nicht so sicher. Sonjas Aufzeichnungen suggerieren, dass der Größere mit Namen Paolo, Gefallen an Genia gefunden hatte. Vielleicht könnte was daraus werden, vorausgesetzt, er besorgt ein Schiff und lädt sie ein, mit ihm nach Mexiko zu schippern.

Abschied, endgültig. In ihren Betten, im Ferienhaus, wach gehalten von den Erlebnissen des Abends, kommt der Ernst des Lebens zurück.

„Haben wir ein Projekt, das begeistert, mitnimmt, mit dem wir Verbündete gewinnen?

Dass wir folglich auch konstruieren, projektieren, proklamieren! Können wir das?" Sie wissen es nicht. Noch nicht.

„Wir werden uns gegenseitig berichten, was wir tun, wohin wir gehen, mit wem wir leben. Wir werden uns wieder treffen, aber das wann und wo, das ist schwer vorhersagbar. Wir haben den Willen und die Absicht, und so wird es auch geschehen. Wir kommen zusammen, denken uns ein gemeinsames Projekt aus, an dem wir arbeiten und forschen. Dafür haben wir geübt, in unserem Zusammensein in den Alpen, bei Sonja, am Polarkreis und jetzt hier auf Giglio. Es wird gelingen, weil wir über unterschiedliche Talente verfügen, die miteinander verknüpft, mehr als Durchschnittliches vollbringen können.

Wir werden uns einen Namen machen. Noch sind

wir weitgehend unbekannt, aber das wird sich ändern, wenn wir unsere Fähigkeiten richtig einzusetzen wissen. Da sind wir sehr zuversichtlich. Wir können uns selbst vertrauen, haben Ausdauer und lassen uns nicht abweisen. Wir sind hartnäckig und widerständig. Wir können gewinnen und trauen uns zu, anzuleiten und zu führen. Wir können überzeugen. Wir machen eine gute Figur."

Letzteres erregt allgemeine Heiterkeit.

„Machen wir das? Aber was denn sonst? Kurzum: wir sind guten Mutes, dass wir die Zukunft meistern werden."

„Wir werden unsere Genia solange finanziell unterstützen, bis sie eine Stelle gefunden hat. Wir werden in unserer neuen Umgebung für sie werben. Sobald wir eine Möglichkeit sehen, werden wir uns dafür einsetzen, dass sie berücksichtigt wird."

Die Fünf verlassen die mittelalterliche Wohnung, nehmen die Fähre zum Festland und sind erleichtert, dass ihr Auto nicht verrückt und nicht beschädigt, an gleicher Stelle auf sie wartet, an der sie es abgestellt hatten. „Hätte auch anders ausgehen können", sagt Tosca. Sie wird das wissen, denken die anderen, lachen und beglückwünschen sich, dass Unannehmlichkeiten mit den Behörden vermieden wurden. Denn diese können, was Tosca bestätigt, in Italien zu einer unendlichen Geschichte ausarten. Sie steigen ein, der Platz ist knapp, die Temperatur im Innern hochsommerlich. So ist das eben. Sie starten und fahren über ungezählte Brücken. Durch nicht enden wollende Tunnel, mal taghell beleuchtet, mal in totale Finsternis gehüllt. Die Fahrt durch die Tunnel ist eine reale Fahrt durch massives Gestein, in dem Mensch und Maschine einen irreal wirkenden Durchlass eröffnet haben.

In Freiburg. Abschied und immer wieder Abschied. Ungewissheit, wann und wo sie sich wiedersehen werden. Die Umarmungen sind fester als sonst, die Küsse zahlreicher, man entfernt sich und geht wieder zurück. Sie schließen sich zum Kreis, wie vereinbart, als Zeichen der unauflösbaren Verbundenheit, die Arme übereinander gelegt, die Hände die Schultern umfassend. Sie wissen, dass nichts für ewig ist, auch die Versprechen gebrochen werden können. Dass sich die zusammen erlebte Zeit nicht wiederholen wird. Aber sie werden nicht vergessen, dass sie vor allem eines gelernt haben: wie hilfreich und reichhaltig eine Freundschaft sein kann. Sie hat zusammen gehalten, Verständnis und Verlässlichkeit vermittelt. Sicher und feinfühlig wurden sie von ihr über die Klippen der Auseinandersetzung, des Streits und der Unterschiede in Herkunft, Erziehung und Verhalten geleitet.

Sie wissen, dass jetzt eine neue Zeit beginnt. Mit anderen Herausforderungen. In einer von Blut getränkten, aufregenden, von technischen Innovationen bestimmten Zeit. Möge kommen, was wolle – sie werden an ihren Überzeugungen festhalten. Sie werden Freundinnen bleiben. Das ist das Versprechen, das die Fünf sich beim Abschied ins Ohr flüstern.

Der Protokollant

«Haben die Fünf der Zustand der Welt diskutiert? Oder eher den Zustand ihrer Selbst? Natürlich beides. Das eine ist von dem anderen nicht zu trennen. Es ist die Erzählung über den Werdegang von fünf Doktorandinnen, die sich auf ihrem Weg in die Wissenschaft, in den Beruf, ins weitere Leben befinden. Unterwegs öffnen sie, mitunter ganz unvermittelt, ihre Schätzkästchen des Wissens, entnehmen daraus Schnipsel und füttern damit die Diskussionen, bereichern die Gespräche und schärfen die Argumente. Manches davon habe ich, will's nicht verbergen, meiner Wissensbank hinzugefügt.

In diesem Zusammenhang sehe ich mich genötigt, eine Anmerkung, oder doch eher ein Bekenntnis anzufügen. Denn ich wurde gefragt, warum ich so offensichtlich die ungefähre Gleichverteilung der Menschen in Männer und Frauen ignoriert und in der vorliegenden Erzählung nur Frauen habe zu Wort kommen lassen. Diese wäre, so wurde angeführt, um vieles spannender geraten, wenn auch der eine oder andere Mann hätte zu Worte kommen können.

Dazu ist zu bemerken, dass die Treffen von den Frauen arrangiert wurden, und mir im wesentlichen die Rolle des Schreiberlings zufiel. Einfluss auf die

Besetzung der Treffen wäre mir nicht in den Sinn gekommen und wäre von den selbstbewussten Frauen
auch nicht akzeptiert worden. Im Übrigen kann ich
der rein weiblichen Konfiguration aus vollem Herzen zustimmen. Die Anwesenheit von Männern hätte zur Folge gehabt, dass man sich wegen Nichtigkei-
ten in die Haare geraten wäre. Über Imponiergeha-
be, Führungsanspruch, Eifersucht und Neid will ich
erst gar nicht reden. Zwar sind diese höchst unange-
nehmen Eigenschaften auch bei Frauen anzutreffen
und auch bei diesen durchaus nicht selten. Gleichwohl halte ich unbeirrt an meiner Ansicht fest, dass
die Frauen aus vielerlei Gründen den besseren Teil
der Menschheit repräsentieren, auch wenn die Fünf
das etwas anders sehen. An meiner Einstellung ist
meine Mutter nicht schuldlos. Sie hat mich (ich hoffe, meine Erinnerung trügt nicht) in meinen ersten
zehn Lebensjahre mit Aufmerksamkeiten und Zärt-
lichkeiten verwöhnt. Und dadurch bewirkt, dass es
allemal besser ist, sich an Mutters Schoß zu hängen
oder wenn vorhanden, unter ihren Rock zu kriechen,
als nach der womöglich harten, gelegentlich uner-
bittlichen Hand des Vaters zu greifen.

Im Übrigen fiel mir die Anfertigung des Proto-
kolls umso leichter, als die Ansichten, Interpretationen und Ideen der Fünf den meinen sehr entgegen
kommen. Insofern befand ich mich in einer recht an-
genehmen Lage. Gleichwohl konnte ich nicht widerstehen und habe eigene Gedanken und Ideen eingefügt. Die Fünf werden es mir nachsehen.»

Literatur Verweise

John **Dewey**, *Reconstruction in Philosophy*, Mentor Book, 1950

Egon **Friedell**, Kulturgeschichte der Neuzeit, C.H. Beck, 1984

Natalia **Ginzburg**, *Das imaginäre Leben*, Klaus Wagenbach, 1995

Wasili **Grossman**, *Leben und Schicksal*, Ullstein, 2020

Werner **Hofmann**, *Abschied vom Bürgertum*, edition Suhrkamp, 1970

John **Horgan**, The end of war, McSWeeney's, 2014

Friederike **Otto**, Wütendes Wetter, Ullstein, 2020

Jorgen **Randers**, *2052*, Chelsea Green Publishing, 2012

Jeremy **Rifkin**, *The Age of Resilience*, Swift Press, 2023

Stanley **Robinson**, *The Ministry of the Future*, orbitbooks.net, 2020

Bertrand **Russell**, *Philosophie des Abendlandes*, Europaverlag, 1999

Thorstein **Veblen**, *The Theory of the Leisure Class*, Oxford World's Classics, 2007

Moshe **Zimmermann**, *Niemals Frieden*, Propyläen Verlag, 2024

Die Landkarte auf Seite 179 ist aus der großartigen *OpenTopoMap Garmin* gezoomt und kopiert.

Volker Jentsch studierte und habilitierte in Physik und Geophysik. Er arbeitete an zahlreichen Universitäten und Forschungsinstituten im In- und Ausland und entwickelte Modelle in der Weltraum- und Klimaforschung. Er engagierte sich mehrere Jahre als Forschungsförderer am Ministerium für Wissenschaft und Forschung in NRW. Er gründete, in Kooperation mit Wissenschaftlern aus verschiedenen Fachrichtungen, am Ende der Reise durch die Institute das *Interdisziplinäre Zentrum für komplexe Systeme* an der Universität Bonn.

Heute befasst er sich, u.a., mit den Unwägbarkeiten, die sich in einer digitalisierten und militarisierten Welt ankündigen. Mehr unter:

https://www.volkerjentsch.de

Volker Jentsch

Im Wilden Norden von Italien

Fabian Feuerbach erfüllt sich den Wunsch seines Lebens: im vorgerückten Alter findet er in Assedo, einem kleinen Bergdorf auf der Alpensüdseite, abseits vom großen Tourismus in naturbelassener Umgebung, ein verfallendes Haus. Er erneuert und gestaltet es. Und verbringt fortan dort die Hälfte des Jahres. Mitten unter engherzigen Einheimischen, geschickten Bauarbeitern, intakten Invaliden ...

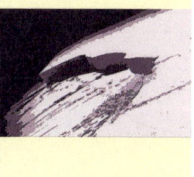

Volker Jentsch

Das Schneebrett

Das Unvorhersehbare trifft Fabian Feuerbach, als er, den Kopf von ungewisser beruflicher Zukunft beschwert, mit seiner Freundin zu seiner Hütte in den Alpen aufsteigt und dabei in ein Schneebrett gerät. Er überlebt ohne Schaden, für sie kommt die Rettung zu spät. Jahre später, im Schutz der Nacht, in der Abgeschiedenheit eines italienischen Bergdorfes und mit der Hilfe seiner Frau, versucht er das Ereignis zu entschlüsseln...

Volker Jentsch

Die Forschergruppe

Fabian Feuerbach wagt in vorgerücktem Alter das Experiment seines Lebens: er versammelt sieben renommierte europäische Forscher in einem Bergdorf in Norditalien, um ein Forschungsprojekt zu schmieden, das extreme Ereignisse in Natur und Gesellschaft entschlüsseln und vorhersagen will. Die Forscher einigen sich nach kontroverser Erörterung auf ein veritables Forschungsprojekt und reichen es zur Förderung ein...